FOLEUX

REISE DURCH FRANKREICH MIT DEM HAUSBOOT

UNTERWEGS AUF UNBEKANNTEN KANÄLEN

Bilder von Brigitte Merz, Martin Schulte-Kellinghaus und Erich Spiegelhalter

Texte von Beate Kierey und Hubert Matt-Willmatt

SEURRE
SEURRE
JUBILANT

Inhalt

Erste Seite:
Auf dem 194 Kilometer langen Garonne-Seitenkanal in Frankreichs Südwesten gibt es 53 Schleusen zu durchfahren, die 5,80 Meter breit sind – hier die Schleuse Nr. 23 bei Cacor, die man nach der Überquerung des Aquädukts über den Tarn erreicht.

Seite 2/3:
Da die Bürger von Saint-Quentin Ende des 18. Jahrhunderts unbedingt einen Zugang zum Atlantik wollten, wurde der Canal de la Somme erbaut, der 1843 fertig gestellt wurde. Heute ist der Kanal ein idyllisches Hausbootrevier im Norden Frankreichs, wie hier zwischen Amiens und Ailly-sur-Somme.

Seite 4/5:
Am Vogesenkanal: Ein fast durchgängig befahrbarer Treidelweg bietet den radelnden Begleitern in den Vogesen ein wahres Natur-Erlebnis – hier in der Nähe der Stadt Épinal, die die Hauptstadt des Vogesendépartements ist und Sitz des bekannten Bilderbogenmuseums.

Seite 8/9:
Bei Dinant durchbricht die Maas die Ardennen. In der belgischen Kleinstadt gibt es eine Kathedrale zu besichtigen, und Musikliebhaber freuen sich an der Tatsache, dass Adolphe Sax hier das Saxophon erfand.

Le Mouche

Geheimtipp Hausbootfahren in Frankreich?

Langsam tuckernd gleitet das Boot über eine spiegelglatte Wasserfläche, die sich mit einer kleinen Erhebung vor dem Bug teilt und zu beiden Seiten des Bootes an ihm entlanggleitet. In der Morgensonne glitzern die Strahlen durch die Platanen, deren Blätter leicht vom Wind bewegt werden. Ein Vogel taucht kurz ins Wasser, gleich daneben springt ein silberglänzender Fisch nach Beute. Die Luft flirrt, außer dem beruhigenden, gleichförmigen Geräusch des Bootsmotors hört man nur das sanfte Klatschen der Wellen am Ufer. Biegung um Biegung bieten sich dem Auge neue Anziehungspunkte dar, die in aller Ruhe betrachtet werden können, bis auch sie vorüberziehen. Reisen bedeutet mobil sein, um meistens schnell von einem Ort zum anderen zu gelangen – Reisen kann aber auch zum Selbstzweck werden. Nicht mehr das Ziel ist entscheidend, sondern der Vorgang als solcher, die Bewegung im lebendigen Element Wasser. Der Alltagsstress fällt ab – Gedanken entwickeln sich mit Leichtigkeit. Existentielles gewinnt Oberhand über Banal-Alltägliches. Wasser fließt zielgerichtet immer in eine Richtung, mit Quelle und Mündung ist der Wasserlauf dem Lebenslauf gleichzusetzen. Und wie dieser ist das Leben an Bord zudem nur in bereichernder Gemeinschaft denkbar; gedankenverloren treibt man dahin, bis die nächste Schleuse kommt!

Auf der einst wichtigen Wasserstraße, die den Rhein mit der Rhône und damit die Nordsee mit dem Mittelmeer verbindet, tummeln sich heute eher Hausboote denn Lastkähne.

LY 22909

Entschleunigte Form des Reisens

Es waren findige Engländer, die ihren engen Kanälen entflohen und sich mit ihren Booten über den Ärmelkanal wagten, um sich ab 1960 die Kanäle Frankreichs zu erschließen. Die französische Lebensart und der gute Wein haben ein Übriges dazu beigetragen, die zahlreichen Binnenwasserwege Frankreichs zu erkunden. Die England direkt gegenüberliegenden Kanäle bei Calais und Dunkerque boten sich an, um in die französische Hauptstadt mit ihrem „Port Arsenal" zu gelangen, in Reims oder Épernay einen Champagner vor Ort zu verkosten oder sich in den Weinorten des Burgunds kulinarisch zu verwöhnen. Nicht zuletzt lockte über die großen Flüsse der Saône und der Rhône dann die Nähe des Mittelmeers. Es gab jedoch auch immer schon abenteuerlustige Wellenreiter, die sich auf den Weg um die Bretagne herum machten und nach Austernbänken Ausschau hielten oder an der Küste nach einem echten Cognac verlangten. Viele glaubten sich am Canal du Midi am Ziel ihrer Bootsträume und erzeugten einen Sog, der dieses Verbindungsstück von Atlantik zum Mittelmeer zu einer äußerst attraktiven Route für Hausbootfahrer werden ließ. In ganz Europa ließ man sich bis heute von der Faszination des Hausbootfahrens anstecken und damit von einer entschleunigten Form des Reisens.

Landschaftlich besonders reizvoll ist auf dem Rhein-Rhône-Kanal der Abschnitt im Tal des Doubs. Der Doubs durchfließt den französischen Jura von Montbéliard bis Dôle.

Beispielgebender Kanalbau

Das Hausbootfahren auf Flüssen, zeitweilig auf Flussseitenkanälen oder auf durchgängigen Kanalstrecken ist in Frankreich auf gut 8500 Kilometern möglich. Es gibt die klassischen Hausbootstrecken, die sich vor allem im Süden Frankreichs befinden. Der Canal du Midi gehört zwischen dem manchmal windigen Étang de Thau und Toulouse zum UNESCO-Weltkulturerbe. Ohne den Mut und das Durchhaltevermögen von Pierre-Paul Riquet (1609–1680) wäre er nie erbaut worden. Er präsentierte seine kühnen Pläne 1662 dem französischen Wirtschaftsminister Jean-Baptiste Colbert, in dessen Vorstellungen einer merkantilistisch ausgerichteten Wirtschaft, eine Wasserstraße einen idealen Platz einnahm. 1666 gab der französische König sein Einverständnis und der Bau sollte das Mittelmeer mit Toulouse und damit zur schiffbaren Garonne verbinden. 1681 wurde der Kanal schiffbar, sechs Monate vorher verstarb Riquet im Alter von 71 Jahren. 12 000 Arbeitskräfte schufen mit einfachem Werkzeug eine Kanalstrecke von 240 Kilometern Länge. 328 Bauwerke insgesamt zählt man, die den Kanalbau begleiten, denn Tunnel mussten gegraben und Kanalbrücken gezogen sowie 64 Schleusen eingefügt werden. Der Canal du Midi ist damit der beispielgebende Kanalbau in Frankreich geworden, obwohl es schon früher Versuche gab, die schwer zu befahrenden Flüsse durch einfache Schleusensysteme und die Anlage von kurzen Kanalbauten zu umgehen.

Schon 1604 begann man mit der Umsetzung eines Kanalbaus, der die Seine mit der Loire verbinden sollte, und der vom Ingenieur Hugues Cosnier angeleitet wurde. Der 1642 fertig gestellte Canal de Briare war der erste, der eine Scheitelwasserhaltung besaß und der mit einer siebenstufigen Schleusentreppe bei Rogny-les-sept-Écluses ausgestattet war.

Schönste Wasserwege

In jeder Region Frankreichs gibt es bekannte Hausbootstrecken, die sich als Routen, die man befahren haben muss, eingeprägt haben. Bekannt sind sie geworden, da sie in ihrer Anlage, durch ihre Umgebung und die Sehenswürdigkeiten am Wasserweg zu den schönsten in Europa überhaupt gehören. Ihre Attraktion beziehen sie mitunter auch dadurch, dass man ihrem Lauf auf ehemaligen Treidelpfaden gemüt-

Leider ist der einst aus strategischen Gründen quer durch die Bretagne erbaute Canal de Nantes à Brest zur Verbindung der beiden Küstenstädte seit bald hundert Jahren nicht mehr durchgängig befahrbar. Doch frisches Baguette gibt es entlang des kanalisierten Oust von Redon bis Rohan immer zu kaufen.

Rechts:
Bei Noyen-sur-Sarthe hat die „Frauschaft“ die besten Plätze eingenommen – im Anjou gibt es am Ufer nette kleine Orte, zahlreiche Schlösser und Kirchen zu sehen, bis der schiffbare Teil der Sarthe in der durch ihre Autorennen bekannten Stadt Le Mans und an der Barrage d'Enfer, am „Höllenwehr“, endet.

Unten:
Die Somme-Mündung weist eine besondere Mischung von Meeres- und Süßwasser auf, die über 300 Vogelarten einen besonderen Lebensraum bietet. Bei Ebbe zieht sich das Meer weit zurück und gibt den Blick auf eine sandige Wattlandschaft frei, die von unzähligen Sielen durchzogen ist und in der zahlreiche Miesmuscheln darauf warten, eingesammelt zu werden.

lich mit dem Rad folgen kann und bei Abstechern in kleine Dörfer oder Städtchen auf manche Überraschung stößt, die in keinem Reiseführer Erwähnung findet. Weltweit bekannt ist der Canal du Midi und dessen Fortsetzung ab Toulouse auf der Garonne in Richtung Bordeaux. Für die Bretagne steht der zauber- und sagenreiche Canal de Nantes à Brest, der in das Reich der Feen entführt. Der immer noch sehr geschäftige Rhein-Marne-Kanal ist eine wichtige Ost-West-Verbindung, die mitten durch das ländlich-typische Lothringen führt. Das von der Natur gesegnete Burgund lässt einem das Wasser im Mund zusammenlaufen und bildet die Verbindung zum Schlösserland um die Loire.

Doch vor allem unter thematischen Gesichtspunkten kann man Teilstücke der bekannten Kanal- oder Flussstrecken neu kombinieren und zu überaus attraktiven Routen zusammenstellen oder gar wenig befahrene Strecken entdecken, die sich durch Einwegfahrten von einer Charterbasis zur anderen verbinden lassen. Bei der thematischen Festlegung gibt es keinerlei Vorschriften zu beachten und deren Kombinationsmöglichkeiten sind unendlich vielfältig. Man nehme die Anzahl der zur Verfügung stehenden Tage, suche sich eine Charterbasis und lege dann die Themen fest, unter der die Reise vonstatten gehen soll. Kulturelle Zeugnisse und das historische Erbe, die wirtschaftlichen Schwerpunkte einer Region und nicht zuletzt die kulinarischen Spezialitäten können dabei im Mittelpunkt stehen. Eine kleine Vorschlagsliste: Wein in den unterschiedlichen Weinregionen, wie dem Burgund, der Loire, dem Elsass ..., Museen, Schlösser und Burgen, Käsetour, Angler- und Fischertour, Romanik, Renaissance und Gotik, im Land der Katharer, Kanalbauwerke, Drei-Länder-Tour, antike Stätten ... alles gibt es zu entdecken.

Geheimtipp Natur-Süd – Von Sète bis zur Rhône

Im viel besungenen Hafenstädtchen Sète beginnt/endet der Canal du Midi. Doch sollte man seine Reise in Richtung der pulsierenden Stadt Montpellier fortsetzen. Dabei taucht man ein in die pure mediterrane Landschaft der Petite Camargue. Das Boot befindet sich immer in Meeresnähe, und umhüllt vom salzigen Duft erhebt sich das Festungsbauwerk der Stadt Aigues-Mortes und das mittelalterliche Städtchen Beaucaire. Wenn auch aktuelle Umbau- und Verbreiterungsmaßnahmen den Kanal den Bedürfnissen der heutigen Handelsschifffahrt anpassen, so ist die Fahrt auf der Petite Rhône

In der weit ausladenden Mündungsbucht der Somme, die 2001 in die Weltliga der schönsten Buchten aufgestiegen ist, liegt das malerische Saint-Valery-sur-Somme an der Schleuse Nr. 25, die als Gezeitentor funktioniert.

und bis in die Nähe des berühmten Wallfahrtsortes Saintes-Maries-de-la-Mer ein unvergleichlich schönes Naturerlebnis.

Geheimtipp Natur-Ost – Der Doubs von Besançon bis Saint-Jean-de-Losne

Nicht weit von der Grenze bei Basel entfernt, beginnt der malerische Lauf des Doubs durch die beeindruckende Schluchtenlandschaft der Franche-Comté. Wild und unbezähmbar sucht sich der Fluss seinen Weg und eröffnet ganz eigene und spektakuläre Ansichten. Natürliche Hindernisse müssen oft auf Kanalstrecken umfahren werden, eine Schleuse folgt der anderen – bis zur Saône sind es insgesamt 112. Die einst wichtige Verbindung zwischen Rhein und Rhône (und damit dem Mittelmeer und der Nordsee) ist bei der Handelsschifffahrt außer Gebrauch gekommen, da große (Container-)Schubverbände die Strecke nicht befahren können. Unberührte, idyllische Natur empfängt die Hausbootfahrer, die auch darauf hoffen, dass der Rhein-Rhône-Kanal von Mulhouse bis Neuf-Brisach und Colmar durchgängig schiffbar würde.

Geheimtipp Gourmet – Sauerkrauttour und Wein

Der Rhein-Marne-Kanal ist mit der elsässischen Hauptstadt Straßburg und der Jugendstilstadt

In der Nähe des Ortes Long am Canal de la Somme in der Picardie. Nicht weit vom Ort entfernt liegt ein typisches Landschlösschen aus dem 18. Jahrhundert.

Nancy ein recht häufig befahrenes Gewässer. Das Vergnügen einer guten Küche wissen die Elsässer zu schätzen und haben mit dem Sauerkraut eine typische Spezialität, die unweigerlich mit der Region in Verbindung gebracht wird. Doch lädt der Saarkanal dazu ein, die Hauptroute des Kanals zu verlassen und sich in das durch seine Fayencen berühmte Sarreguemines zu begeben. Auf dem Wasser ist der Grenzübertritt nach Saarbrücken auch der Eintritt in eine andere kulinarische Region, in der der Fiez, der alkoholhaltige Apfelmost, regiert. Bei Konz trifft man auf die Mosel und auf die berühmten Mosel-Rieslinge, bis man über Metz in Nancy und damit wieder am Rhein-Marne-Kanal anlangt.

Geheimtipp Historie – Kathedralen und Schlachtfelder

Das dichte Geflecht an Kanälen im Norden und Nordwesten von Frankreich hält für Kunstinteressierte einen besonderen Leckerbissen bereit. Auf dem Wasserweg lassen sich einige der berühmtesten Orte mit gotischen Kathedralen zu einer Hausboottour verbinden. Zwischen Amiens und Reims, Nyons und Saint-Quentin bleibt immer genügend Zeit, um sich auf die nächste architektonische Meisterleistung einzulassen. Aber auch ein dunkles Kapitel der deutsch-französischen Historie kann entlang des Canal de l'Est von Geschichtsinteressierten aus allernächster Nähe verfolgt werden. Verdun, heute „Welthauptstadt des Friedens", steht mit seiner Zitadelle, dem Fort Douaumont und den Schützengräben beispielhaft für den Verlauf des Ersten Weltkriegs, dessen Soldatenfriedhöfe man entlang der Meuse als stetige Mahnung nicht übersehen kann.

Geheimtipp Städte

Der Bummel durch eine Stadt ist sicherlich kein Geheimtipp an sich, aber durch die Anreise mit dem Hausboot verändert sich der Blick auf eine Stadt ungemein. Der Zugang abseits der breiten Einfallstraßen und aus dem Herzen eines innerstädtischen Hafens oder Anlegeplatzes lässt den Besucher sofort am turbulenten Leben einer Stadt teilhaben. Alle Städte bieten kulturelle Veranstaltungen, halten reich bestückte Museen vor oder sind für eine bestimmte Spezialität berühmt. Lyon, am Zusammenfluss der Rhône und der Saône, entführt durch seine „traboules" in malerische Hinterhöfe und auf die Höhe von Fourvière und Croix-Rousse. Nancy, Stadt der leckeren Bergamotte-Bonbons, hat

Der Seitenkanal der Garonne ist ein wichtiges Teilstück der Wasserstraße, die das Mittelmeer mit dem Atlantik verbindet. Allein 53 der insgesamt 247 Schleusen befinden sich auf dem 194 Kilometer langen Garonne-Seitenkanal von Toulouse nach Castets-en-Dorthe, hier die Schleuse Nr. 28 „Braguel" zwischen Moissac und Valence-d'Agen.

sich zahlreiche Gebäude im Jugendstil erhalten können und die prächtige Place Stanislas erinnert an den kunstsinnigen polnischen König Lothringens. In Besançon findet die beeindruckende Schleife, die der Doubs zieht, und die uneinnehmbare Festung des königlichen Baumeisters Sébastien Le Prestre de Vauban beeindruckende Beachtung. Durch einen Tunnel kann man die Schleife abkürzen und damit auch ein Meisterwerk der Kanalbaukunst bewundern. Der Lez lässt in Montpellier die direkte Zufahrt in die Stadt nicht zu, aber der neu angelegte Hafen Port Ariane ist nur wenige Kilometer von der Innenstadt entfernt. Südländisches Flair und die fruchtbare Region des Languedoc-Roussillon gehen hier eine Verbindung ein, die von einer herrlich instand gesetzten Altstadt und ansehnlichen modernen Innenstadtvierteln gekennzeichnet ist.

Geheimtipp Industriegeschichte

Man muss Schleuse für Schleuse in die dichten Vogesenwälder hineinfahren, um dann plötzlich in der Nähe des Kanals auf verlassene Industrieanlagen zu stoßen. In der Metallverarbeitung, bei der Glasherstellung und in der Textilindustrie waren die Manufakturen und späteren Fabriken

Morgenstimmung an der Schleuse Nr. 16 „Lamotte-Brebière“ auf dem Somme-Kanal. Am gesamten Kanal entlang führt, mit einigen kleinen Umwegen, ein ausgebauter Treidelpfad. Auf der fast 200 Kilometer langen Strecke gibt es recht wenig Schleusen, um die gesamten 65 Höhenmeter zu überwinden. Da das Hausboot deshalb ungehindert fahren kann, bedeutet das parallele Radfahren zum Hausboot eine durchaus sportliche Herausforderung.

einst wirtschaftlich sehr erfolgreich. Über den Vogesenkanal wurden sie mit dem Energieträger Kohle versorgt und fanden mit ihm eine Transportmöglichkeit für die Produkte. Ein wahres und echtes Hausbootrevier, das vor allem im Abschnitt der Vogesen zum Spannendsten gehört, was man erleben kann, da der Kanal, der die Saône und die Mosel verbindet, für die gewerbliche Schifffahrt praktisch keine Bedeutung mehr hat.

Geheimtipp Seitentäler

Nicht nur für kleine Fluchten lohnen sich Abstecher in die Seitentäler großer Flüsse. In die Saône fließt die Seille – 40 Kilometer mit interessanten kleinen Orten und Städten und dem Luxus von ein paar Schleusen, die man alle noch per Handkurbel selbst bewegen darf. Der natürliche Flusslauf stellt ein Naturparadies dar, in dem die Bresse-Hühner gackern und in nächster Nähe der dazu passende Wein gedeiht. Bei Moissac am Garonne-Seitenkanal besteht ein Abstieg zum Tarn und zum Hafen von Saint-Nicolas. Der nur zwölf Kilometer lange Abschnitt entführt in eine wunderschöne Landschaft. Ob die Geheimtipp-Touren zu zweit, mit Familie oder mit Freunden unternommen werden – das Erlebnis Hausboot ist garantiert und reicht jeweils für einen Aufenthalt von bis zu drei Wochen, die man am Stück, aber auch in Etappen fahren kann.

Still und leicht schaukelnd liegen alle Boote im Hafen, die Sonne senkt sich und führt ihre Strahlen gemeinsam mit der Uferbeleuchtung auf die Szenerie am Wasser. Dort spiegelt sich die bunte und farbintensive Silhouette der Stadt, bis sich die Nacht mit ihrem zunehmend dunkleren und bestimmenden Gewand die Oberhand verschafft. Vereinzelt ertönt noch Lachen und Gläserklirren von den Booten, am Uferkai räumen Boulespieler gemächlich ihre Kugeln ein. Vor dem inneren Auge tauchen besondere Momente dieser Tagesetappe auf – auf wenigen Kilometern ein reichhaltiges Programm, das Augenblick für Augenblick intensiv erleben lässt. Einfaches, wie der Sprung ins kühle Wasser, das kurze Gespräch mit dem Schleusenwärter, die kleine Radtour und der Einkauf auf dem Marktplatz werden zu Höhepunkten des Tages – die alltägliche Routine und Hektik verfliegt mit den ersten Metern, die das Boot zurücklegt. Und wohin geht's morgen? Der Kanal gibt unfehlbar die Richtung vor, an dessen Ufern sich wieder neue „Abenteuer" ereignen. Dabei passiert „nichts", doch genau das ist das Besondere, das einen nach Hausbootfahrten süchtig werden lässt!

Seite 20/21:
Neben den ehemaligen Industrieanlagen einer Papierfabrik liegt die Anlegestelle des kleinen Ortes Deluz, vier Kilometer weiter dann die Anlegestelle an der Mühle Saint-Paul in Besançon. Die Stadt liegt an der durchgängig beschilderten Euro-Vélo-Route, die von der Loire und Nantes bis an die Donau nach Budapest führt.

Alle Kilometer kommt eine Schleuse – da aber praktisch alle 93 Schleusen auf dem 122 Kilometer langen Vogesenkanal identische Freycinet-Ausmaße (38,50 mal 5,20 Meter) haben und bergwärts immer rechts zu bedienen sind, ist das Schleusen ein wahres Kinderspiel!

SKC Philipp
burg

LY 22909

Leinen los! – Wie bereite ich meinen Hausbooturlaub vor?

Rechts:
Auf dem Garonne-Kanal gibt es die erste Fahrstunde unter kundiger Anleitung. Ein Hausboot reagiert beim Lenken im Vergleich zu einem Auto mit erheblicher Verzögerung, zudem ist es immer wichtig zu wissen, ob sich das Boot mit oder gegen die Strömung bewegt und aus welcher Richtung der Wind weht.

Zum ersten Mal Freizeitkapitän – kann man das denn wirklich schaffen? Keine Panik, man kann... Das Hausbootfahren ist auf alle Fälle ein Abenteuer, bei dem man eine Region auf ganz andere Art kennen lernen kann und bei dem man mit seiner Familie, Freunden oder Bekannten ein besonderes Erlebnis teilt. Die „Entdeckung der Langsamkeit", die allerdings manchen im ersten Anlauf etwas schwer fällt, gewinnt noch mehr an Erholungs-Qualität, wenn man seine Reise vorher in aller Ruhe und vielleicht sogar schon gemeinsam plant.

Oben:
Übernimmt jeder an Bord eine Aufgabe, wird das Anlegen oder Schleusen zu einem ganz einfachen und stressfreien Manöver. Auf der Mosel, hier zwischen Luxemburg und Deutschland bei Grevenmacher, gibt es bis nach Koblenz am Rhein nur zwölf, allerdings beachtliche, Schleusen.

Keine/r sollte immer nur ans Steuer müssen, keine/r immer nur kochen – Abwechslung ist angesagt, da zudem jede/r an Bord alle Tätigkeiten beherrscht! Die unterschiedlichen Aufgabengebiete – wie das Boot steuern, kochen, einkaufen, bei Anlegemanövern und beim Schleusen helfen – sollten ruhig schon vorher einmal durchgesprochen werden.

Nach der Personenzahl bemisst sich die Größe beziehungsweise Kabinenzahl des Bootes; oft gibt es die Möglichkeit, ein zusätzliches Bett in einer Kabine anzubringen. Es liegt schon in der Natur der Sache, dass der zur Verfügung stehende Raum begrenzt ist, und man vorher überlegen muss, was wirklich benötigt wird – bei Kleidung, Ausrüstung und auch bei Lebensmitteln. Faltbare Taschen sind dabei besser als starre Koffer. Bei schönem Wetter spielt sich das Leben sowieso immer an Deck ab, aber auch bei (seltenen) Regentagen und zu den Mahlzeiten bietet der Aufenthaltsraum genügend Platz für die ganze Crew.

Grundsätzlich sollte vor dem ersten Mal Hausbootfahren geklärt werden, dass man sich ein eher ruhigeres Fahrwasser aussucht. Wegen des künstlich gestauten Wassers empfehlen sich zuerst alle Kanäle oder ruhig mäandernde Flüsse, die keinen oder nur wenig Lastschiffverkehr haben. Schon steht die nächste Entscheidung an: Will man eine „Einwegfahrt" unternehmen, benötigt man vom Zielhafen einen Rücktransport, wenn man dort kein Auto deponieren kann. Bucht man hingegen eine Hin- und Rückfahrt, bei der man die Wasserstrecke aus zwei Richtungen kennen lernen kann, muss an einen sicheren Stellplatz gedacht werden.

Reiseroute

Vor Reiseantritt erhält man die Flusskarte, die an Bord unbedingt mitgeführt werden muss. Die Karte umfasst eine genaue Darstellung des Wasserverlaufs, verzeichnet die farbig markierten Bojen, alle Brücken, die Anlegestellen und Häfen, die Schleusen und die Sehenswürdigkeiten. Sie bietet die Möglichkeit, seine Route im Voraus grob einzuteilen und zu planen – wichtig ist jedoch, sich, auch schleusenbedingt, einen gewissen Zeitpuffer einzubauen, denn man ist schließlich nicht auf der Flucht! Mit 20 bis 30 Kilometer pro Tag, denn das Boot fährt nur zwischen sechs bis acht Stundenkilometer, hat man eine ungefähre Vorstellung von den durchschnittlichen Tagesetappen!

Unerlässlich ist ein Blick auf die Öffnungszeiten der Schleusen, um nicht irgendwo im Niemandsland eine ungewollte Zwangspause einlegen zu müssen. Lastschiffe haben immer und besonders bei Schleusen Vorfahrt! Eine reine Fahrzeit von täglich circa vier bis fünf Stunden ist mehr als ausreichend, denn der Tag sollte mit einem gemütlichen Frühstück beginnen können und es sollte auch genügend Zeit für Landgänge vorhanden sein, um zu bummeln, einzukaufen, etwas anzusehen oder einzukehren … Die

Bestehen, wie beim Vogesenkanal, zahlreiche Schleusen, ist es für Kinder spannend und eine beliebte Abwechslung, mit dem Rad vorauszufahren und beim Schleusen zu helfen. Dabei darf das Tau aber nie um die Hand gewickelt werden.

Vor der Ausfahrt aus der Schleuse 43 „Douvot" auf dem Doubs hilft ein kunstvoller Cowboywurf, die Leine vom Poller zu lösen – aber erst wenn das Schleusentor komplett geöffnet ist und alle Leinen los sind, sollte sachte angefahren werden!

Beim Schleusen gilt es, die Taue immer kurz und gespannt zu halten, aber so, dass zwischen Boot und Schleusenwand etwas Spiel bleibt; beim Aufwärtsschleusen zieht man das Tau immer wieder nach, beziehungsweise lässt man es beim Abwärtsschleusen immer etwas durch die Hand gleiten – Handschuhe sind auf alle Fälle zu empfehlen.

Die Schleuse von Lamagistère am Canal de Garonne hat einen Hub von 2,35 Metern. Auch wenn das Boot ziemlich nahe am Schleusentor steht, genügt eine Hand am Tau, um es nicht auf dem Schleusenabsatz (Drempel) aufsitzen zu lassen.

Rechts:
Immer seltener werden die von Wärtern betriebenen Schleusen, wie hier in Long am Somme-Kanal – sie werden nach und nach durch automatisierte Schleusenanlagen ersetzt. Schleusenwärter sind Beamte und bekommen ein dementsprechendes Gehalt, das man einsparen möchte.

nächtliche Anlegestelle will ebenso sorgsam ausgesucht sein: Übernachtet man „wild“ in einer lauschigen Bucht oder in einem Hafen, der morgens ein frisches Baguette garantiert?

Vor dem Abfahrtstag muss gepackt werden: Ins Gepäck gehört praktische, wie leicht auswaschbare Kleidung – dabei eine Wäscheleine und Klammern nicht vergessen! Für sicheren Halt an Bord sorgen Tennis- oder Turnschuhe. Auch sollte eine Regenjacke für nasse Tage nicht vergessen werden. Da ja (fast) immer die Sonne scheint, ist eine Kopfbedeckung ebenso unerlässlich, da die Sonneneinstrahlung durch den Fahrtwind nicht auffällt. Ein gutes Buch und Spiele gehören mit ins Gepäck.

Die Anreise sollte so geplant werden, dass man noch vor dem Einchecken, meist so gegen 14.00 Uhr, seine Einkäufe der Grundnahrungsmittel für die ersten Tage vor Ort erledigen kann. Nun heißt es, Kleidung und Lebensmittel verstauen und die Einrichtung in Augenschein zu nehmen! Jedes Hausboot verfügt über eine, je nach Bootstyp unterschiedlich eingerichtete Küche. Meist gibt es sowohl Kochplatten mit zwei bis vier Gasflammen sowie einen Backofen. Der Kühlschrank umfasst genügend Stauraum. Lebensmittel, die nicht gekühlt werden müssen, finden in weiteren Schränken in der Küche ihren Platz. Töpfe und Pfannen befinden sich in den gegen jeden Wellengang gesicherten Schubladen und auch das Geschirr, das an der jeweiligen Höchstzahl an Personen für das Boot ausgerichtet ist, hält gut in den vorgesehenen Regalen. In den Kabinen, oft mit eigenem Sanitärbereich, hält man sich nur zum Schlafen auf – tagsüber ist man fast immer an Deck und damit an der frischen Luft! Nicht vergessen werden sollte das Auftanken mit frischem Wasser, und zwar immer dann, wenn sich Gelegenheit dazu bietet, denn ohne Wasser ist man an Bord verloren!

Unten:
Manchmal ist das Rückwärtseinparken die einzige Möglichkeit anzulegen – mithilfe der Strömung, einem eingeschlagenen Steuerrad und einem sanften Wechseln vom Rückwärtsgang in einen kurzen Vorwärtsschub gelingt das Manöver sicher.

Einweisung und Probefahrt

Dann folgt eine freundliche und umfassende Einweisung in den gesamten technischen Aufbau des Bootes am Starthafen und schon startet man zur ersten begleiteten

Probefahrt. Dann noch ein paar Fragepunkte: Die wichtigsten Verkehrszeichen erschließen sich durch ihre Farbe: Rot bedeutet immer Ge- oder Verbot! So ein Boot fährt sich bei entsprechender Vermeidung von hektischen Lenkmanövern ganz einfach – doch wie hält man es an oder manövriert es in eine Schleuse? Das Bremsen oder Aufstoppen erfolgt durch das Einlegen des Rückwärtsgangs, doch da das Wasser immer in eine Richtung strömt, bleibt ein Boot nie stehen. Deshalb sollte man auf Flüssen mit dem Bug voran immer gegen die Strömung anlegen. Und wie geht das Schleusen? Beim Schleusen müssen die Taue immer so um die Poller gelegt werden, dass sie frei bewegt werden können. Mit dem ersten Schleusenvorgang, ob flussaufwärts oder -abwärts, hat man das Prinzip auch bei unterschiedlichsten Schleusentypen verstanden. Und noch eines: Mit einer Hand hält man sich immer am Boot fest! Nach Beantwortung aller Fragen heißt es dann zum ersten Mal und lang ersehnt: „Leinen los – das Abenteuer Hausbootferien kann beginnen!“

Auf der breiten Saône gibt es ab Tournus in Richtung Lyon nur die beiden Schleusen „Dracé“ und „Couzon“. Da es sich um einen Großschifffahrtsweg handelt, müssen in der Schleuse aber unbedingt Sicherheitswesten getragen werden!

Den Zugang zu den beiden Sportboothäfen von Besançon findet man flussabwärts direkt nach der Schleuse „Port Saint-Paul“.

Seite 26/27:
Der Doubs trennt die Gemeinde Ougney-Douvot, die aus vier Weilern besteht. Die Schleuse 43 bei Douvot wurde erbaut, um ein Stauwehr zu umfahren.

Oft bilden sich vor Schleusen Wasserstrudel oder Wehre und Kraftwerkskanäle erzeugen einen Sog. Da heißt es dann beherzt und mit dem Bugstrahlruder gegensteuern.

Mit Hilfe einer über dem Wasser hängenden Stange wird der Schleusenvorgang mit einem grünen Lichtsignal an der Schleusenampel eingeleitet. Und in der Schleuse selbst wird das Tor mit der blauen Stange geschlossen. Ab jetzt läuft alles automatisch!

CUISERY
LOCAB
HOLI
www.locaboat.com
LY 2290

Ecluse automatique de DOUVOT
En cas d'accident, appeler le 112
Zone interdite au public
Baignade interdite
Danger chute à l'eau

Frankreichs Norden – Picardie, Maas-Meuse und ein Abstecher nach Belgien

Der bestimmende Fluss in der Picardie ist die Somme. Anmutig durchfließt sie, begleitet von zahlreichen Seen und Teichen, das flache Marschland. Fruchtbare Ackerböden und die Besonderheit der „schwimmenden Gärten" ließen die Region früh zu einem begehrten Gebiet werden – schon Cäsar erkor Amiens, das einstige Samarobriva (Brücke über die Somme), zu einem römischen Stützpunkt. Die strategisch wichtige, direkte Verbindung zum Ärmelkanal und die Lage als Vorposten der französischen Hauptstadt ließen die Region in den Weltkriegen traurige Berühmtheit erlangen. Die naturnahe Landschaft besonders im Mündungsbereich bei Saint-Valery-sur-Somme und die reizvollen Fachwerkstädte lassen die Somme zu einem der schönsten Wasserwege in Frankreichs Norden werden.

Wer den Wasserweg der Meuse oder gar der Maas sucht, wird ihn nicht finden, denn der kanalisierte Fluss firmiert unter der Bezeichnung „Canal de l'Est". Auf ihm gelangte Kohle und Stahl an ihre Zielorte, zur Betrachtung der landschaftlichen Schönheiten bei der Fahrt durch die hügeligen und waldreichen Ardennen hatten die Frachtschiffer ab 1882 wahrscheinlich keine Zeit. Heute folgt man in Muße dem mäandernden Wasserlauf, der nach jeder Biegung bis ins belgische Namur immer wieder neue Überraschungen bietet.

Überwältigend ist die Einfahrt nach Amiens, in die Hauptstadt der Picardie, steuert man dabei doch auf dem Somme-Kanal direkt auf die gotische Kathedrale Notre-Dame zu. 1220 wurde mit dem Bau der mächtigsten Kathedrale Frankreichs begonnen, die im Wesentlichen schon 1269 fertig gestellt wurde.

Amiens schmiegt sich an den Verlauf der Somme an und besitzt einen oberen (Port d'Amont) und einen unteren (Port d'Aval) Hafen. Der flussaufwärts gelegene obere Hafen bietet eine unvergessliche Kulisse.

In der Rue Bélu reiht sich in Amiens ein Restaurant an das andere – heimische Spezialitäten sind, bei einer Entfernung von 70 Kilometern zum Atlantik, natürlich Meeresfrüchte! Im Stadtviertel Saint-Leu erstreckt sich um die gleichnamige Kirche ein buntes Gassengewirr.

Eine Kirche aus dem 16. Jahrhundert, ein Schloss aus dem 18. Jahrhundert und das Rathaus laden in Long nach der Schleuse Nr. 22 zu einem Halt ein.

Nur etwa acht Flusskilometer vom Stadtzentrum von Amiens entfernt, führt ein kurzer Schleusenkanal zur Schleuse von Lamotte-Brebière. Doch dazwischen liegen zu beiden Seiten der Somme, gleich nach Amiens bis nach Longueau „les hortillonnages“, die berühmten schwimmenden Gärten.

Vom Belvedere de Frise bei Flusskilometer 44 bekommt man einen Eindruck von der ausgedehnten Seen-, Teich- und Sumpflandschaft, die den Reiz der Sommelandschaft ausmacht. Auf entwässerten Flächen wird in großem Stil Getreide angebaut, das früher in Windmühlen zu Mehl verarbeitet wurde.

Nicht weit von Amiens führt ein Kanal zur Schleuse von Lamotte-Brebière. Hier liegen auch, zu beiden Seiten der Somme, die berühmten schwimmenden Gärten. Auf über 300 Hektar wird dort Obst und Gemüse angebaut, wobei die Anbauflächen von den „rieux“, den Bewässerungsgräben, durchzogen sind. Die Gärten sind dabei mit speziell konstruierten Booten nur über das Wasser zu erreichen.

Die Meuse/Maas gehört flusstechnisch zum nördlichen Teil des Canal de l'Est, der bei Givet, der Grenzstadt mit den Festungsanlagen des Fort de Charlemont zwischen Belgien und Frankreich, seinen nördlichsten Punkt erreicht. Durch die waldreiche Hügellandschaft der Ardennen schlängelt sich die Maas, die Teil einer der beliebtesten Nord-Südverbindungen ist. Neben den Hausbooten, die man auf Zeit bezieht, sind dort oft umgebaute Lastschiffe anzutreffen, die ihren Bewohnern zur ständigen Residenz geworden sind.

Das Tagesziel am Canal du Nord ist erreicht. Er ist ein relativ neuer Kanal, der erst 1966 in seiner ganzen Länge von 95 Kilometern in Betrieb genommen wurde. Besonders interessant ist, dass er zweimal eine Scheitelhaltung überwindet, und noch interessanter, dass das beide Mal in einem Tunnel passiert – zum einen im 4,35 Kilometer langen Tunnel von Ruyaulcourt und zum anderen im Tunnel von La Panneterie, der 1,1 Kilometer lang ist.

Die Meuse kennt keine Grenze und nimmt im belgischen Namur die Sambre auf ihren Lauf mit, den sie als Maas durch die Niederlande weiterführt und schließlich in die Nordsee münden lässt. Das Regionalparlament der französischsprachigen Provinz Wallonien, die Zitadelle und die Brücke „Pont de France" bilden in Namur zusammen mit dem Fluss ein harmonisches Bild.

Friedlich sitzen die Freizeitangler bei Verdun an der Meuse/Canal de l'Est – seit dem Ersten Weltkrieg ist die Stadt zum Symbol sinnlosen Blutvergießens geworden.

Dinant ist ein beliebter Ort zum Anlegen, denn am Ufer der Maas bieten zahlreiche Restaurants kulinarische Spezialitäten. Die beeindruckende Kathedrale Notre Dame wird überragt von der gewaltigen Festung.

Die Meuse macht bei Monthermé eine ihrer Kurven, in die sie das Ardennengebirge zwingt. Die Erbauer der kanalisierten Meuse hätten diese Kurven mit der Anlage von Tunneln wohl vermeiden können, doch nach dem Deutsch-Französischen Krieg von 1870/71 stand ab 1874 eher die schnelle Einrichtung einer Schifffahrtsverbindung im Vordergrund, mit der das besetzte Elsass und Lothringen umfahren werden konnten.

Kulturelle Highlights – gotische Kathedralen

Rechts:
In der Kathedrale Notre-Dame von Reims wurden über acht Jahrhunderte hinweg die französischen Könige gekrönt. Der Blick auf die Westfassade zeigt drei beeindruckende Portale und darüber eine farbenprächtige Rosette, über der die Galerie der Könige angebracht ist.

Unten:
Viel Wert wurde beim Bau der gotischen Kathedralen auf die Höhe des Innenraums gelegt, in Reims misst er 38 Meter, in Amiens gar über 42 Meter. In der Kathedrale von Soissons sind es „nur" 30 Meter.

In aller Ruhe kann man sich ab Cappy an der Somme auf eine kulturelle Reise begeben, um in drei ausgefüllten Wochen und circa 500 Flusskilometern zahlreiche gotische Kathedralen aus der Nähe anzusehen! Im 12. und 13. Jahrhundert erbauten die gläubigen Bewohner im Gebiet des heutigen Frankreichs über 80 Kathedralen; die rege Bautätigkeit begann dabei in der Picardie. Allen sakralen Gebäuden ist gemein, dass die Apsis nach Jerusalem und damit nach Osten ausgerichtet ist, was auch dafür verantwortlich ist, dass auf der Ost- und Westseite farbenprächtige Glasmalereien den Sonnenauf- und -untergang begleiten. Jede neu errichtete Kathedrale sollte noch schöner gestaltet, noch höher erbaut werden, um auf diese Weise dem Himmel noch näher zu sein. Allerdings stürzten auch einige Bauten wieder ein, so zu Beginn der Bautätigkeit die Kathedrale Saint-Pierre in Beauvais.

Es bietet sich ab Cappy eine Route an, auf der zu unterschiedlichen Zeiten entstandene sakrale Bauten zu besichtigen sind, wobei man Baustile von der Romanik bis zur Spätgotik vorfindet. Cappy selbst besitzt eine Kirche mit einem romanischen Langschiff. Auf dem Somme-Kanal kann man bis nach Amiens fahren und unterwegs in Corbie die spätgotische ehemalige Klosterkirche Saint Pierre besichtigen und das Tor zur Kirche Saint Étienne aus dem 13. Jahrhundert, das den Wechsel von der Romanik zur Gotik anschaulich vor Augen führt.

Gigantische Ausmasse

Die Kathedrale von Amiens sprengt schon aufgrund der gigantischen Ausmaße von 200 000 Quadratmeter umbauten Raum alle Vorstellungen einer gotischen Kirche. Allein 4000 geschnitzte Figuren aus der biblischen Geschichte bevölkern das Chorgestühl, 3000 Statuen empfangen den Besucher am Hauptportal.

Wieder zurück auf dem Wasser führt der Weg auf dem Canal du Nord in Richtung Süden nach Pont-l'Évêque am Zusammenfluss mit dem Oise-Seitenkanal und seinem idyllisch gelegenen Hafen. In der dortigen Kirche befinden sich Votivtafeln der Binnenschiffer, die an die einstigen Gefahren ihrer Arbeit erinnern. In Noyon erwartet die älteste gotische

Kathedrale Notre-Dame aus dem 12. Jahrhundert mit ihren fast 50 Meter hohen Türmen, den Nebengebäuden und der berühmten Bibliothek den Besucher. Hier wurde Karl der Große 768 zum König der Franken gekrönt und der Reformator Calvin 1509 geboren. Über den Verbindungskanal von der Oise zur Aisne und danach über die kanalisierte Aisne und deren Seitenkanal führt der Weg nach Soissons, wo schon von Weitem die Türme der Abteikirche Saint-Jean-des-Vignes und der Kathedrale Saint-Gervais et Saint-Potais zu sehen sind. Seit dem 3. Jahrhundert war Soissons Bischofssitz und wurde im 5. Jahrhundert gar Hauptstadt unter dem Merowinger Chlodwig I. Auf dem Verbindungskanal von der Aisne zur Marne steht ein weiterer Höhepunkt zur Besichtigung an. In der Stadtmitte von Reims erhebt sich die Kathedrale Notre-Dame als ein herausragendes Beispiel hochgotischer Kunst mit einer Rosette von zwölf Metern Durchmesser. Da einige Fenster der Krönungskirche fast aller französischen Könige zerstört wurden, haben verschiedene Künstler neue Glasmalereien geschaffen, so auch 1974 Marc Chagall. Auch bei der An- oder Abreise liegen zahlreiche Gotteshäuser auf der Strecke, wie zum Beispiel die von Laon, Agnetz oder Compiègne, deren Besuch lohnt!

Ein Kontrast zu den von Menschenhand geschaffenen Kunstwerken, stellt die Schönheit der Natur dar, wie hier auf dem Verbindungskanal von der Aisne zur Marne, an dem auch die Kathedralen- und Champagnerstadt Reims liegt.

Morgenstimmung am Seitenkanal der Oise im Hafen von Pont-l'Évêque. Die „Bischofsbrücke“ bescherte dem Bischof von Noyon seit dem 12. Jahrhundert und bis zur Französischen Revolution gesicherte Einnahmen.

Auf dem Canal du Nord spielt sich der gesamte Frachtverkehr zwischen den industriellen Zentren im Norden Frankreichs und dem Großraum Paris ab. Die Schleuse 19 in Pont-l'Évêque' hat einen Hub von 5,80 Metern und bietet Platz für mindestens zwei große Frachtschiffe!

Morgenstimmung am Seitenkanal der Oise – ein Anlegeplatz mitten in der Natur – bei Flusskilometer 4 kurz vor der Schleuse zum Verbindungskanal zwischen Oise und Aisne. Da der natürliche Flusslauf der Oise sehr stark hochwassergefährdet ist, empfiehlt sich dort immer ein Blick auf die Hochwassermarkierungen, sonst kann es sein, dass das Boot über Nacht in Schräglage kommt oder sich gar von der Befestigung losreißt.

Rechts:
Für die Frachtschiffe sind die Hausboote oft ein störendes Hindernis auf ihrer Strecke, denn sie folgen auf ihrem Kurs der Ideallinie. In Schleusen haben sie immer Vorfahrt.

Ganz rechts:
Nach einem Einkauf auf dem Markt, in einer Markthalle oder gar bei Produzenten vor Ort ist die Zubereitung eines leckeren Essens mehr als eine willkommene Abwechslung im Bootsalltag.

Bei Berry-au-Bac zweigt der Verbindungskanal von der Aisne zur Marne ab, der von Lastschiffen benutzt wird, um über die Saône und Rhône zum Mittelmeer oder über den Rhein-Marne-Kanal in Frankreichs Osten zu gelangen. Da der aus der Schleuse ausfahrende Frachter ohne Ladung unterwegs ist, muss er die Laderäume zum Teil mit Wasser befüllen, um überhaupt unter den niedrigen Brücken hindurchzukommen.

Zeit zur Lektüre einer großen überregionalen oder einer regionalen Zeitung, wie der „Voix du Nord“ oder des „Écho du Nord“ muss immer sein, auch wenn im Hintergrund schon die Schleuse „Saint-Hubert 1“ am Seitenkanal der Oise auftaucht. Hier erhält man eine Fernbedienung für alle Schleusen bis nach Berry-au-Bac.

Am Verbindungskanal zwischen Ainse und Marne wachsen schattenspendende Baumreihen – man fühlt sich wie in einer Parklandschaft.

Die gotische Kathedrale Notre-Dame von Noyon mit Apsis und Klosterbibliothek, die einen wertvollen Bestand von 3500 Bänden umfasst. Das Bibliotheksgebäude mit geschnitzten Säulen ist eine ausschließlich aus Holz gefertigte Fachwerkkonstruktion aus dem 16. Jahrhundert.

Die Schleuse an der „abgebrannten Mühle“ (Moulin brûlé) markiert von Süden her den Beginn der Scheitelhaltung, bevor es in einem Kilometer Entfernung in die Einfahrt des Tunnels von Braye geht. Dieser ist 2,365 Kilometer lang und 6,50 Meter breit und kann nur im ampelgeregelten Einbahnverkehr durchfahren werden, der von seinem Südportal aus gesteuert wird. Die Durchfahrt dauert aber nur 20 Minuten, bevor dann auf der anderen Tunnelseite wieder „bergab“ geschleust wird.

Die Aisne entspringt im Département Meuse und mündet in die Oise. Ihr Seitenkanal ist knapp 52 Kilometer lang und sehr stark befahren, da der 1841 eröffnete Kanal sowohl in Nord-Süd-, als auch in Ost-West-Richtung ein wichtiges Bindeglied im Wasserstraßennetz darstellt. An den Anlegestellen gibt es immer die Gelegenheit zum Austausch und zu einem Schwätzchen.

Dem Märtyrer Quintius (* um 280) ist die Kathedrale von Saint-Quentin in der gleichnamigen Stadt geweiht, in deren Krypta seine Gebeine aufbewahrt sind. Die Kirche wurde zwischen dem 12. und 15. Jahrhundert erbaut und weist als Besonderheit zwei hohe Querschiffe und einen reliefverzierten Chorabschluss auf.

Frankreichs wilder Westen – von der Bretagne bis zur Loire

„Mont a ra mat" sagen die Bretonen und wünschen in ihrer Sprache „einen guten Tag". Wie ein Kreuz durchschneiden zwei große Kanalstrecken die Bretagne von Nord nach Süd (Canal d'Ille-et-Rance) und Ost nach West (Canal de Nantes à Brest seit 1842). Schnittpunkt beider Kanalsysteme ist das schmucke Städtchen Redon, wo nicht nur im Zeichen den „celtisme" die Akkordeonklänge von Yann Tiersen und Saitentöne von Alan Stivell aus den Bistros erklingen. Die Bretonen zogen einst die Binnenschifffahrt der gefährlichen Seereise an ihrer zerklüfteten Küste vor und entwickelten dafür spezielle Boote. Mit der Kontinentalsperre zur Abschottung Englands 1806 geriet die Bretagne wirtschaftlich ins Hintertreffen. Zöllner hatten die rege Schmuggeltätigkeit auf dem 1300 Kilometer langen Zöllnerpfad zu überwachen, auf dem es sich heute gut wandern lässt, ebenso wie entlang des Kanals von Nantes nach Brest. Die reizvollen Abschnitte auf den kanalisierten Oust, Erdre und Rance entführen nach wie vor in das von Mythen und Menhiren durchzogene Reich von König Artus und Asterix.

Mayenne, Oudon und Sarthe durchziehen das fruchtbare Anjou mit seinen bekannten Weinen und dem in Sablé entstandenen gleichnamigen Gebäck. Ort innerer Einkehr ist die Abtei von Solesmes. Schnittpunkt beider Hausbootreviere ist die Hafenstadt Nantes an der Loire.

Auf der direkten Verbindung zwischen Nantes und Brest erhoffte man sich nach dem Bau, der von 1804 bis 1842 dauerte, eine schnellere und sichere Beförderung von Gütern, als bei der Fahrt übers Meer und entlang der windumtosten bretonischen Küste. Von Redon bis Rohan folgt der Kanal dem kanalisierten Fluss Oust, an dessen Lauf sich die Schleusenwärter einen Wettbewerb um die am schönsten geschmückte Schleuse liefern.

FOLEUX

Auf dem Oust ist man der Natur ganz nah, denn jahrhundertealte Bäume bieten nicht nur den zahlreichen Anglern Schatten, sondern auch Vögeln und Insekten wichtigen Lebensraum. Mit dem Canal de Nantes à Brest wurden die schönsten Flusstäler der Bretagne zu einer kanalisierten Gesamtstrecke verbunden.

In Redon kreuzt der Canal de Nantes à Brest mit der Schleuse 18 die kanalisierte Vilaine, die von Norden nach Süden fließt und bei La Roche-Bernard ins Meer mündet. Auf dem 360 Kilometer langen Wasserweg gibt es insgesamt 218 Schleusen, 35 sind es auf dem kanalisierten Oust, die in der Regel 25,70 Meter lang und 4,60 Meter breit sind.

Auf dem Oust gibt es zahlreiche Wassertreppen, bei der die Crew, wie zwischen Gueltas und Saint-Gonnery, auf etwas über drei Kilometern alleine 23 Schleusen vorfindet. Die Schleusen sind dabei immer durch ein kleines Wasserbecken getrennt, das den Wasserspiegel konstant hält.

Auf dem Oust vergnügen sich nicht nur klassische Hausboote, sondern auch dieses sowohl wasser- als auch straßentaugliches Gefährt. Die Bretonen betonen seit jeher ihre Eigenständigkeit, was sich nicht zuletzt in Aufständen gegen das französische Königshaus und in zahlreichen Autonomie-Bewegungen niedergeschlagen hat.

In Josselin spiegelt sich das Rohan-Schloss (14. bis 16. Jahrhundert) im Wasserlauf des Oust. Der Felsen, auf dem das Schloss erbaut wurde, musste bei der Einrichtung des Kanals mühsam mit einem Treidelweg ausgestattet werden, da die von Pferden gezogenen Lastkähne sonst ihre Fahrt nicht hätten fortsetzen können.

Markttag in Malestroit. Ein Marktgang ist fast schon eine Pflichtveranstaltung, um sich mit heimischen Produkten einzudecken – besonders Fischliebhaber kommen bei Stockfisch, Goldbrasse, Hering oder Makrelen auf ihre Kosten!

Malestroit gilt als Perle des Oust mit seinen Fachwerkhäusern und den aus Granit erbauten Bürgerhäusern. Als Handelsstädtchen erlebte es nach der Kanalisierung des Flusses einen wirtschaftlichen Aufschwung.

In zahlreichen kleinen Ortschaften wie Malestroit findet man immer wieder einen schönen Anlegeplatz vor, der dazu einlädt, einen Apéritif oder das bretonische Nationalgetränk Cidre einzunehmen.

Schleusen, Tunnel, Brücken – die faszinierende Welt des Kanalbaus

Rechts:
Wenn sich dem Wasserlauf ein Bergmassiv in den Weg stellt, muss ein Tunnel gegraben werden, hier der Tunnel von Thoraise zwischen Besançon und Dôle. Um die Durchfahrt nicht langweilig werden zu lassen, ist der Tunnel mit allerlei bunten Lichtspielen und Wasserfällen versehen. Wird mit dem Boot eine Lichtschranke durchfahren, stellt der künstliche Wasserfall zum Glück seine Tätigkeit ein.

Unten:
Die von den Römern praktizierte Technik der Aquädukte wurde von den Kanalbauern übernommen, indem wasserführende Brücken über natürliche Hindernisse (wie Schluchten oder Flussläufe) hinweg erbaut wurden. Die 662 Meter lange und 11,50 Meter breite Kanalbrücke von Briare am gleichnamigen Kanal führt über die Loire.

Wer an einem Kinderspielplatz schon einmal eine archimedische Schraube gedreht hat, weiß, dass man Wasser den Berg hinauftransportieren kann. Wer einmal an einem Bächlein Wasser aufstaute, weiß, mit welcher befreiter Kraft es dann talwärts schießt. In größerem Stil wandten diese Technik die Flößer und Müller an, indem sie Stauwehre bauten und dann mit der gespeicherten Energie Flöße beförderten oder Mahlsteine antrieben. Für die Schifffahrt bedeuteten diese Wehre ein unüberwindliches Hindernis, und man begann nach einer Möglichkeit zu suchen, die Schifffahrt auf dem Fluss dennoch aufrechterhalten zu können. Diese Möglichkeit war durch eine Schleuse gegeben. Sicherlich haben auch die Römer diese Technik nicht erfunden, wenngleich sie für den Kanalbau in Frankreich vorbildlich waren. Es soll Leonardo da Vinci gewesen sein, der die Kanäle und ihre Schleusen aus seiner Heimat kannte und der dieses Wissen, der Überlieferung nach am Fluss Yèvre und in der Nähe der Stadt Vierzon, zum ersten Mal mit einer Schleusenkammer in die Tat umsetzte. Neben einem Wehr wurde eine Schleuse erbaut, die genau die Länge eines Schiffes hatte. An beiden Enden wurden zwei Flügeltüren angebracht, die nie ganz geschlossen sind, um einen ständigen Wasserdurchfluss zu ermöglichen. Ein Schiff fährt talabwärts in die Schleuse hinein – nun werden die hinteren Tore fest geschlossen und die vorderen Tore öffnen sich, das Wasserniveau sinkt, und ein Hub von mehreren Metern kann, je nach Tiefe der Schleuse, überwunden werden. Und was talabwärts funktioniert, geht auch bergwärts. Sollen auf kurzer Distanz mehrere Höhenmeter überwunden werden, so fügten die Kanalbauer einfach Schleuse an Schleuse und schufen Schleusentreppen. Berühmt sind jene von Fonserannes am Canal du Midi oder von Golbey am Vogesenkanal. Mittels modernerer Konstruktionen, wie Schiffshebewerken, versuchte man zahlreiche Schleusen überflüssig zu machen, indem man Schiffe einfach in eine Badewanne hineinfahren ließ und darin wie in einem Fahrstuhl hinauf- oder hinuntertransportierte.

Der Loire-Seitenkanal führt mit der Kanalbrücke von Le Guétin über den Allier. Eine Ampelanlage und eine damit gekoppelte Schleuseneinfahrt regeln die Überfahrt.

Ohne die genial-einfache Schleusentechnik wäre der Kanalbau gar nicht vorstellbar. Hier am Seitenkanal der Garonne strömt das Wasser bei der Schleuse 30, die nach der nahe liegenden Stadt Valence d'Agen benannt ist, noch über und durch die beiden Schleusentore.

Scheitelhaltung

Schwieriger wird es für den Bau eines Kanals, wenn man von einem Flusstal in ein anderes wechseln möchte. Kanäle können zwar das Naturgesetz nicht überlisten, dass Wasser immer bergab fließt, aber sie können dieses Naturgesetz ihrem Zwecke dienlich machen. Dabei fließt am höchsten Punkt eines Kanals aus einem natürlichen Zulauf oder aus einem künstlich geschaffenen Wasserreservoir eine geregelte Menge Wasser in den Kanal, und es kann nicht anders, als zu beiden Seiten hinunterzulaufen. Diesen höchsten Punkt an einem Kanal nennt man die Scheitelhaltung, die bis zu mehrere Kilometer lang sein kann. Der Canal de Briare war 1642 europaweit der erste Kanal mit einer Scheitelhaltung. Die höchste Scheitelhaltung befindet sich am Canal de Bourgogne mit einer Höhe von 378,50 Metern. Pierre-Paul Riquet führte sowohl einen 24 Kilometer als auch einen 35 Kilometer langen Zulauf zu seinem Canal du Midi.

Eine besondere Herausforderung stellte die Überquerung einer Wasserscheide dar. Drei mögliche Richtungen bieten sich dem Wasser in Frankreich an, entweder fließt es in das

Hub- oder Drehbrücken, wie hier an der Somme, ermöglichen den ungehinderten Verkehr auf der Straße und auf dem Wasser.

Um das Schiffshebewerk von Saint-Louis-Arzviller am Rhein-Marne-Kanal benützen zu können, müssen erst die beiden Tunnel von Niderviller und von Arzviller passiert werden, die zusammen 2,8 Kilometer lang sind.

Rechts:
Das Schiffshebewerk von Saint-Louis-Arzviller ersetzt seit 1969 mit seiner Badewannenkonstruktion 17 Schleusen und überwindet dabei in reiner Fahrzeit von vier Minuten einen Höhenunterschied von fast 44,5 Metern. Früher benötigten Frachtschiffe mehrere Stunden für die Schleusentreppe.

Unten:
Im Canal de Saint-Quentin ist der Tunnel von Riqueval zu passieren; mit 5,670 Kilometern ist er der längste in Frankreich. Zweimal am Tage wird ein Schleppverband (Rames) zusammengestellt, dessen Schlepper über eine Oberleitung elektrisch angetrieben werden und die sich mit Hilfe einer Kette vorwärts bewegen. Zweieinhalb Stunden dauert die geräuschlose Fahrt unter Tage, bei der auch eine Scheitelhaltung, die Wasserscheide zwischen der Schelde und der Somme, überquert wird.

Mittelmeer, in den Atlantik oder in Richtung Nordsee. Doch diese Wasserscheiden erleichtern den Kanalbau, da das Wasser dort ‚automatisch' in die eine und andere Richtung strömt und man die Scheitelhaltung des Kanals an dieser Stelle einrichtet.

Natürliche Hindernisse, wie Flüsse oder Berge stellen sich dem geplanten Kanalverlauf ebenfalls in den Weg. Kurzerhand baute man eine Kanalbrücke über einen Fluss, was durch die Erfordernisse einer sicheren Befestigung, die das immense Gewicht der Konstruktion samt Wasser aushalten musste, besonders schwierig war. Die erste Kanalbrücke in Frankreich überhaupt hat Pierre-Paul Riquet 1676 über den kleinen Wasserlauf des Répudre am Canal du Midi bei Parazo veranlasst. Steine erwiesen sich, auch in der Rundbogenbauweise, über längere Spannweiten als zu schwer, obwohl die 1837 errichtete und 210 Meter lange Steinbrücke bei Digoin am Loire-Seitenkanal, allen Unkenrufen zum Trotz, immer noch steht. Bei Béziers und Agen finden sich ebenfalls beeindruckende Kanalbrücken. Ebenfalls am Loire-Seitenkanal stellte sich bei Briare die Herausforderung, unglaubliche 663 Meter mit einer Kanalbrücke zu überqueren. Der 1896 dabei fertig gestellten Metallkonstruktion fiel eine bahnbrechende und exemplarische Rolle zu. Über die Kanäle oder Wasserläufe führten ebenfalls Brücken, über die Fußgänger und später Fahrzeuge und Züge schnell von der einen auf die andere Seite gelangten. Am Canal du Midi steht in Le Somail wohl die meist fotografierte Brücke, die aber durch ihre Rundbogenkonstruktion und ihre geringe Höhe den Hausbootfahrern etwas Geschick und Zielwasser abverlangt. Als historische Brücke blieb diese erhalten, manch andermal erfolgte jedoch auch ein Abriss und Neubau – wobei unterschiedliche Techniken zum Einsatz kamen.

Pont mobile

Zugbrücken kannte man schon seit der Überquerung von Burggräben, man findet sie am Canal de Nivernais und häufig bei den niederländischen Nachbarn. Hubbrücken findet man in Frontignan am Canal du Rhône à Sète oder

Seite 52/53:
Eine imposante Kulisse bietet sich von der kanalisierten Sarthe aus, wenn man vor dem Schloss aus dem 18. Jahrhundert in Sablé-sur-Sarthe ankommt. Direkt unterhalb des Schlosses befindet sich eine Anlegestelle.

in Paris am Bassin de la Villette bei der Rue de Crimée (1885). Drehbrücken, wie die „Ponts tournants" am Pariser Canal Saint-Martin sind etwas ganz Besonderes, da sie heute noch oft durch Muskelkraft bewegt werden müssen – wie etwa in Selles am Vogesenkanal. In Sète richtet sich nach Voranmeldung sogar der Eisenbahnverkehr per „Pont mobile" nach der Hafenein- oder -ausfahrt von Schiffen. Eine besondere Einrichtung befindet sich mit dem „transbordeur" am Unterlauf der Charente, bei der eine Förderbandbrücke Fußgänger und Radfahrer über 129 Meter über den Fluss befördert.

Unterirdisch waren die Kanalbauer ebenfalls tätig. Der Tunnel von Malpas ist mit seinen 161 Metern Länge der erste, den mutige Arbeiter unter dem Hügel von Ensérune gruben. Die Tunnelkonstruktionen wurde im Laufe der Geschichte des Kanalbaus immer länger – der Tunnel von Riqueval ist mit 5,670 Kilometern der längste, der Tunnel unter dem Boulevard Richard Lenoir des Canal Saint-Martin in Paris sicher der schönste!

In Selles am Canal des Vosges gibt es noch eine von Hand betriebene Drehbrücke, deren Öffnungszeiten mit den Dienstzeiten der Angestellten der VNF identisch sind – doch direkt vor der Brücke ist ein Anleger, der mit einem direkten Zugang zur Terrasse eines Restaurants ausgestattet ist, um eventuelle Pausen zu überbrücken.

In Montech am Seitenkanal der Garonne entstand 1974 zum ersten Mal ein damals als Wunderwerk der Technik bezeichnetes Schiffshebewerk, bei dem zwei Triebwagen eine große Menge Wasser beförderten. Doch seit einigen Jahren ist es außer Betrieb und nach wie vor benützen die Schiffe die Schleusentreppe.

Selbst die Eisenbahn kann durch eine Drehbrücke gestoppt werden, so wie hier am Canal du Rhône à Sète bei der Einfahrt in den Hafen nach Sète.

Die Schleuse bei Réchicourt gehört mit 15,70 Metern Hub zu den tiefsten in ganz Frankreich – durch sie werden sechs herkömmliche Schleusen am Rhein-Marne-Kanal überflüssig. Die Schleusung dauert 30 Minuten!

ROSA
ROSA

Die Benediktinerabtei Saint Pierre von Solesmes hat durch Gregorianische Gesänge Berühmtheit erlangt. Neben der Abtei ist Solesmes bekannt für eine bestimmte Sorte Marmor, die früher, neben Holz und Wild, in Richtung Atlantik transportiert wurde, während von dort das wertvolle Salz und auch der Wein kamen.

Vor Angers mit seinem Schloss und der Befestigungsanlage aus dem 13. Jahrhundert kommen Sarthe und Mayenne zusammen und fließen als Maine unterhalb von Angers in die Loire. Der Port de la Savatte (wie die Kaianlagen zwischen 1860 und 1880 eingerichtet) markiert auch das Ende des Sarthe-Kanals, der das wunderbare Hausboot-revier des Anjou auf einer Länge von 132 Kilometern mit wenigen 20 Schleusen sehr gemütlich erschließt.

Das Schloss in Malicorne-sur-Sarthe liegt in einer Flussbiegung und wurde im 17. Jahrhundert erbaut.

In Parcé-sur-Sarthe ragt eine ehemalige Mühle in den Fluss. Der Standort von Mühlen bringt meist ein Wehr und eine Stauhaltung mit sich, die mit einer Schleuse umfahren werden müssen.

Die Mayenne ist ab dem gleichnamigen Ort schiffbar und die Handelsschifffahrt war eine wichtige Einnahmequelle. Seit 1962 jedoch verkehrt kein Lastschiff mehr. Bis zur Einmündung in die Loire sind es abwechslungsreiche 134 Kilometer mit 45 Schleusen. Hier die Schleuse 41 bei Montreuil-sur-Maine.

Schleuse Nr. 8 bei Noyen-sur-Sarthe – die Region ist bekannt für ihre fruchtbaren Böden, auf denen besonders Früchte und Blumen, aber auch ein guter Wein gedeihen.

Montreuil-Belfroy ist die letzte Schleuse auf der Mayenne, bevor man nach Angers gelangt. Eine Sehenswürdigkeit in Angers ist das mächtige Schloss mit seinen bis zu 60 Meter hohen Außenmauern.

Die Ufer der Loire sind bekannt für ihre aus Kalktuffstein erbauten prächtigen Schlösser, wie Chambord und Chenonceau – die Region hat aber auch unter Tage besondere Bauwerke, wie hier in Rochemenier, zu bieten, denn in den abgebauten Tuffsteingalerien wurden Höhlenwohnungen eingerichtet, die ganzen Bauernhöfen samt Tieren Unterschlupf boten.

Der Tuffstein bietet den Eichenholzfässern und ihrem wertvollen Inhalt einen idealen Lagerplatz, da sommers wie winters identische Temperaturen von zwölf bis 15 Grad vorherrschen. Im Château Casse Michaire gedeihen wohlschmeckende Muscadet-Weine.

Rechte Seite:
Die „Troglos" (Höhlen, die durch Tuffsteinabbau entstanden) werden heute zu Restaurants, zu Hotels und zu Ferienwohnungen, ja gar zu Diskotheken umgewidmet. Besonders die Champignons de Paris gedeihen darin prächtig, wie das Musée du Champignon in Saumur zeigt. In Doué-la-Fontaine kommt man sich wie in einer Kathedrale vor.

Sens de visite
6
This way

Von der Marne und Saar bis hinter die Vogesen – der Osten

Mit der Marne und der Saar verbindet man unwillkürlich die industriellen Zentren in Lothringen mit Stahlwerken und Kohleförderung. Zum Transport dieser Güter vom Rhein bis zur Seine und von der Mosel bis ans Mittelmeer sind der Rhein-Marne-Kanal und der Saar-Kanal unerlässliche Wasserstraßen. Diese Strecken etablieren sich aber immer mehr zu idyllischen Hausbootrevieren, bei denen sich geruhsame Abschnitte quer durch fruchtbare Getreidefelder im Elsass und in Lothringen mit Sehenswürdigkeiten aller Art an der Strecke abwechseln. Die Jugendstilstadt Nancy, das dynamische Metz, die Saarschleife bei Mettlach, das deutsch-luxemburgische Grenzgebiet mit den Weinbergen der Mosel, aber auch die Kanalbautechnik mit zahlreichen Schleusentreppen, besonderen Schiffshebewerken und unendlich langen Tunnel zeichnen das Hausbootrevier aus.

Manche bezeichnen den Vogesenkanal von der Petite Saône bei Corre bis nach Épinal als eine der schönsten Wasserstraßen überhaupt. Allein die zahlreichen Schleusen und die begleitende Landschaft lassen eine sofortige Entschleunigung spürbar werden. Hinter jeder Biegung des Kanals beeindruckt ein neues Bild. Einen veränderten Blickwinkel auf den in einem grünen Farbenspiel eingebetteten Kanal erschließt ab Fontenoy-le-Château bis Épinal, (mit Ausnahme auf der Scheitelhaltung) ein gut ausgebauter Radweg.

Der Rhein-Marne-Kanal durchzieht auf 465 Kilometern den gesamten Osten Frankreichs vom elsässischen Straßburg bis ins lothringische Nancy und führt auf der kanalisierten Marne bis nach Paris. Saverne ist ein typisches elsässisches Städtchen im Renaissancestil, das durch seinen Rosengarten und das Schloss in rotem Sandstein derer von Rohan bekannt ist. Direkt unterhalb des Schlosses liegt der Hafen der Stadt.

LY 7950

Die Saône hinaufzufahren, übt einen ganz besonderen Reiz aus, da die Strecke fast unberührte Natur und kleine Orte, wie hier Baulay im Abendlicht mit seinem für die Region der Franche-Comté typischen und markanten Zwiebelkirchturm, bietet.

Auf dem Vogesenkanal bietet sich bei Flusskilometer 88 zwischen Les Forges und Bois l'Abbé auf der Scheitelhaltung nochmals ein kleiner idyllischer Halt an, bevor es dann die Schleusentreppe von Golbey weiter nach Norden hinabgeht, bei der auf drei Kilometern Länge 15 Schleusen zu überwinden sind.

Der Vogesenkanal durchsticht an manchen Orten das Felsmassiv, wie hier in Fontenoy-le-Château. Fontenoy war ab dem 16. Jahrhundert ein wichtiger Produktionsort für Spiegel und Flachglas.

Die Vogesen sind sehr waldreich und der Wald reicht oft an beiden Seiten des Ufers direkt an den Canal des Vosges. Hier, südlich von Fontenoy-le-Château „dampft" der Kanal an einem kühlen Herbstmorgen.

Canal des Vosges – von Corre bis Épinal

Rechts:
Mitten in Fontenoy-le-Château ist zwischen zwei Schleusen eine enge Haarnadelkurve zu durchfahren – in der Flussbiegung befindet sich eine imposante, steile Felswand.

Unten:
Die Vogesentäler sind oft eng und neben dem Wasserweg verläuft meist eine Straße, wie hier in Fontenoy-le-Château.

Wie so oft ist Kanalbau sowie die historische und wirtschaftliche Entwicklung in Frankreich auch beim Vogesenkanal eng miteinander verwoben. Politisch gesehen, ist sein Bau eine Folge des Deutsch-Französischen Krieges von 1870/71, der mit der deutschen Besetzung von Elsass-Lothringen einherging. Wirtschaftlich war es unabdingbar, dass die französisch verbliebenen Industriegebiete in Lothringen über innerfranzösisches Territorium erreicht werden konnten. So wurde mit dem Bau des Canal de l'Est bereits 1874 begonnen, der in seiner gesamten Länge von 400 Kilometern von der französisch-belgischen Grenze bis zur Saône reicht. Der Vogesenkanal verbindet zwar die Wasserläufe der Saône und des Coney mit der Mosel, doch zwischen den beiden Tälern liegt ein Höhenunterschied von 360 Metern. Findige Kanalbauingenieure leiteten deshalb bei der höher gelegenen Vogesenstadt Remiremont Wasser aus der Mosel ab und führten es in den künstlich angelegten Stausee bei Bouzey, wo noch weiteres Wasser aus verschiedenen kleineren Stauseen gesammelt wird. Die Scheitelhaltung, in die sich kontrolliert das Wasser ergießt, wurde für den Vogesenkanal auf einer Länge von elf Kilometern angelegt und ist die zweithöchste in ganz Frankreich. Zu beiden Seiten läuft nun das Wasser von ihr ab. Von Corre zur Scheitelhaltung schleust man also immer bergwärts und von der Scheitelhaltung nach Épinal hinunter immer talwärts. Mit dem tieferen Verständnis für diese technische Meisterleistung begegnet man jeder Schleuse mit großer Hochachtung – und von denen gibt es wahrlich genug! Von Corre bis Épinal sind es auf 64 Kilometern alleine 60 Schleusen, deshalb sollte man mit einer reinen Fahrzeit von mindestens 24 Stunden rechnen!

Schnellstmögliche Entspannung

Wer sich schnellstmöglich entspannen möchte, besteigt in Scey-sur-Saône und damit circa zwei Stunden von der deutschen Grenze entfernt, ein Hausboot und genießt zuerst einmal die lang gezogenen Flussabschnitte der Petite Saône, wie das Teilstück von Saint-Jean-de-Losne bis hinauf nach Corre heißt. Wer Lust und Laune hat, kann sich eine sieben

Tage gültige Ferien-Angelkarte der „Amicale des Pêcheurs" ausstellen lassen und sein Glück in den fischreichen Gewässern versuchen! In Port-sur-Saône legt man zentrumsnah an und tätigt die letzten Einkäufe, denn entlang des Vogesenkanals ist mit ständigem Blick auf die Flusskarte eine vorausschauende Vorratshaltung angezeigt!

50 Flusskilometer und sechs Schleusen weiter empfängt einem dann der neue Hafen von Corre. Das Städtchen war, wie Ausgrabungen und die Funde im gallo-römischen Museum von Jonvelle belegen, schon immer ein wichtiger Verkehrsknotenpunkt. In der Nähe gründete Simon de Thysac in Passavant-la-Rochère bereits 1745 eine Glasbläserei, die heute noch existiert. Die frühe Industrialisierung der Vogesentäler im Metall- und Textilbereich geht auf die Einrichtung königlicher Manufakturen zurück, deren merkantilistisches Bestreben es war, aus günstigen Rohstoffen Fertigwaren herzustellen, die man exportieren konnte, um so dem permanent unterfinanzierten Staatshaushalt höhere Einnahmen zu verschaffen. Ortsnamen wie La Manufacture oder La Forge (Die Schmiede) weisen auf die einst erfolgreiche industrielle Vergangenheit hin.

Schon eine Verbindungsstraße der Römer, die von Besançon bis nach Charmes führt, überquerte die Saône bei Baulay.

Wenn der Vater mit der Tochter bei Sonnenaufgang in Selles schon frische Croissants, leckere Brioches de Selles und Baguette im Maison Ecoffet einkaufen kann, ist die Welt in Ordnung!

Die Saône entspringt in den Vogesen und auf einer Länge von 480 Kilometern bis zur Mündung in die Rhône bei Lyon hat sie ein Gefälle von nur 234 Metern. Das führt zu ihrem träge fließenden und breit mäandernden Gewässer.

Das Hausbootfahren auf der Saône ist wirklich kinderleicht und zwischen zwei der recht zahlreichen Schleusen ist ohne Weiteres eine Fahrstunde auch für die jüngeren Crew-Mitglieder möglich!

Wunderwerk der Technik

In Selles gibt es neben einer Käserei, einer exzellenten Boulangerie-Patisserie auch ein Wunderwerk der Technik zu bestaunen, denn hier wird noch eine manuell betriebene und unter Denkmalschutz stehende Drehbrücke in Gang gesetzt. Nach und nach taucht man in das satte Grün der Wälder und Schluchten ein, die das Tal des Coney kennzeichnen. Überwältigend sind der Felsdurchstich und die engen Kanalkurven, bis man ins mittelalterliche Fontenoy-le-Château gelangt, das an der Grenze zwischen den Vogesen und der Franche-Comté liegt. Vom Schloss sind zwar nur noch Ruinen übrig, doch lockt der schöne Anleger mit seiner Wasser- und Stromversorgung, die man unbedingt in Anspruch nehmen sollte, denn nun beginnt der absolut grüne und ländliche Teil des Kanals. Bäume ragen in den Kanal, vereinzelt stehen verlassene Villen am Ufer und malerische Anlegestellen laden mitten in der Natur zum Anhalten ein. Würden nicht ab und an Radfahrer auf dem Treidelweg auftauchen oder ein Dienstfahrzeug der VNF (Voies navigables de France), man glaubte sich fern jeder Zivilisation. Es gibt auch keine Schleusenwärter mehr, mit denen man ein Schwätzchen halten könnte oder ein Glas Honig erstehen, denn alle Schleusen werden elektrisch betrieben und funktionieren mit einer Fernbedienung, die man in Corre bekommt, beziehungsweise abgibt, oder in Messein.

In unmittelbarer Nähe des Kanals und inmitten der Vogesenwälder liegt der kleine, aber einst berühmte Badeort Bains-les-Bains, der zu den Thermalbädern am Vogesenrand, wie Vittel und Contrexéville gehört, die sich verstärkt auf die Förderung von Mineralwassern spezialisiert haben. Um die Steigung zur Scheitelhaltung zu überwinden, wurde bei Bémenil eine gekoppelte Schleusentreppe mit vier Schleusen eingerichtet. Auf der anderen Seite geht es über die 14 Schleusen der Schleusentreppe von Golbey wieder hinunter und in das Tal der Mosel. Diese Schleusen werden immer noch manuell von einem Schleusenwärter bedient und stellen mit dessen Geschäftigkeit einen lebhaften Kontrast zur bisherigen Natureinsamkeit dar.

Rechts:
Morgenstimmung bei Girancourt; das Anlegen in der freien Natur stellt kein Problem dar und durch den perfekt ausgebauten Treidelpfad ist man mit dem Rad schnell in einer Ortschaft.

Unten:
Eng geht's zu und auch dicht bewaldet: Der Vogesen-Kanal schmiegt sich auf der einen Seite an dem Verlauf der Berge an und auf der anderen Seite ist der niedere Damm mit Metallplanken verstärkt. Selbst in den engen Schluchten wird der Kanal von dem Flüsschen Le Coney, das etliche Meter tiefer liegt, begleitet.

Anlegestelle mitten im Wald, die nicht vermuten lässt, dass am Ufer des Kanals im 18. Jahrhundert bedeutende königliche Manufakturen ihren Standort hatten.

Nach der Scheitelhaltung zwischen Les Forges und Chaumousey werden die Schleusen erst ab Girancourt nach Süden gezählt. Die Schleuse Nr. 45 „Voguécourt“ kommt kanalabwärts direkt vor Corre.

Folgt man dem Vogesenkanal in Richtung Thaon-les-Vosges, wartet schon wieder eine Schleuse – doch empfiehlt es sich, vorher und bei ausreichendem Wasserstand der Mosel, in den Stichkanal nach Épinal einzubiegen. Gleich darauf überquert man in einer Kanalbrücke den natürlichen Wasserlauf der Mosel und gelangt nach 3,350 Kilometern und im Flussbett der Mosel in das Zentrum der Stadt. Épinal ist die Stadt der bunten Bilderbogen, der „images d'Épinal“, die seit zwei Jahrhunderten in ganz Frankreich bekannt sind. Der Drucker Jean-Charles Pellerin begann 1796 mit der Herstellung von religiös bestimmten Motiven. Mit den Ereignissen im Umfeld der Französischen Revolution und vor allem der militärischen Erfolge Napoleons änderte er das Programm seiner Bildergeschichten und fertigte solche mit aktuellen Darstellungen an, die reißenden Absatz fanden. Über die Geschichte der ersten, bunt-kolorierten Comics kann man sich in der einstigen Druckerei und im Museum des Vogesendépartements einen umfassenden Eindruck verschaffen.

In Épinal versucht ein Angler im Hafenbecken sein Glück – der Hafen stellt den Endpunkt des 3,3 Kilometer langen Zweigkanals dar, der von der Mosel gespeist wird.

Im Hafen bei Les Forges d'Uzemain sieht man auch im Morgennebel deutlich, dass der Vogesenkanal noch ein Geheimtipp für Natur- und Schleusenliebhaber ist!

Warme Kleidung ist im Tunnel von Niderviller, der 475 Meter lang ist, angesagt. Dabei muss man an Deck eine Schwimmweste tragen und auch das Rauchen einstellen!

Auf der Mosel bei Nittel im deutsch-luxemburgischen Grenzgebiet grüßen die Reben der spritzigen Moselweine.

Sierck-les-Bains lag schon in der Römerzeit strategisch günstig an einer Moselschleife. Auf den Grundmauern des römischen Kastells wurden mehrfach Burgen aufgebaut. Die heutige Anlage datiert aus dem 18. Jahrhundert.

Die kanalisierte Mosel gehört in das Netz der internationalen Großschifffahrt, was bedeutet, dass bis zu 172 Meter lange und 3000-Tonnen-Schubverbände hier verkehren. Die Schleusen, wie hier in Grevenmacher, sind natürlich auf die größten Schubverbände ausgelegt.

Nancy ist seit dem 12. Jahrhundert Mittelpunkt der Region Lothringen. Seit Ende des 19. Jahrhunderts ist die Stadt Zentrum des Jugendstils. Im Musée de l'École de Nancy kann man Architektur und Einrichtungsgegenstände dieser Kunstepoche aus der Nähe betrachten. Außerdem gibt es einen Rundgang auf den Spuren des Jugendstils, der zu besonders reich verzierten Gebäuden führt.

In der im Jugendstil eingerichteten Brasserie Excelsior in Nancy, in der sich zahlreiche Lothringer Künstler verewigten, gibt es ein typisches französisches Frühstück, zum Mittagessen dann die frisch aus Paris gelieferten Meeresfische, Austern und Muscheln.

In Pont-à-Mousson, was ursprünglich „Brücke über die Mosel“ bedeutet, bestimmen die Türme der ehemaligen Abtei des Prämonstratenserordens das Bild der Stadt. Nicht weit von der zentralen Brücke Pont Gélot entfernt, wurde eine neue Hafenanlage eingerichtet, vor der aus man schnell am arkadengesäumten Place Duroc ist.

Saarburg ist über die Saar und den, trotz seiner ursprünglichen Bezeichnung, reizvollen Saar-(Kohle)-Kanal im Süden an den Rhein-Marne-Kanal angeschlossen. Im Norden erreicht man auf der Saar und unterhalb von Trier die Mosel. Die Kraft des Wassers wurde am Leukbach gleich mit drei hintereinander angebrachten Wasserrädern nutzbar gemacht.

Die Sauerkrauttour – grenzenloses „Choucroute“

Rechts:
Bei Bauzemont taucht die Landschaft am Rhein-Marne-Kanal zwischen der Pracht Nancys und dem Schloss von Lunéville ganz in die Rapsfelder ein, die unterbrochen werden von den riesigen Salzgewinnungsanlagen bei Dombasle-sur-Meurthe mit den dazugehörigen Kais und Hafenanlagen.

Das Elsass gilt als das klassische Land des Sauerkrauts – riesige Flächen sind mit dem Anbau von Kohlköpfen bedeckt. So wie es Straßen gibt, die gastronomischen Spezialitäten gewidmet sind, wie die „Straße der frittierten Karpfen“, die „Käseroute“ oder die „Elsässische Weinstraße“, so kann man auch Wasserwege thematisch mit einem kulinarischen Erlebnis verbinden. Zudem es nicht nur ein allgemein gültiges Rezept zur Zubereitung von Sauerkraut gibt. Es ist vielleicht nun kein Gericht, das man in der eigenen Bordküche zubereitet. Denn ein richtiges Sauerkraut, wie man es direkt bei einem Produzenten bekommt, braucht eine sehr lange Kochzeit. Doch auf der Strecke gibt es genügend Einkehrmöglichkeiten, in denen man die schmackhaften Abwandlungen des Grundrezeptes verkosten kann. Das Grundrezept ist einfach: Man dünstet das Kraut am Besten in etwas Schmalz, fügt etwas Salz und Wacholderbeeren dazu und lässt es, ohne umzurühren, eine gute Stunde garen, dann veredelt man es zum Schluss noch mit einem Schuss Weißwein.

Unten:
Ein sehr beliebtes Fotomotiv am Canal des Houillères de la Sarre ist nahe der deutsch-französischen Grenze das ehemalige Erholungsheim einer Porzellanfabrik, die Küchen- und Badezimmerkacheln herstellte. Heute ist im „Casino“ eine Brasserie eingerichtet – mit einer Anlegestelle direkt davor!

So unterschiedlich die Strecke, die man von der Mosel bis zur Saar durchfährt, so unterschiedlich sind die Zutaten: Äpfel oder Ananas, Cidre (Apfelmost), Elsässer Riesling, Crémant oder Champagner? Ein Sauerkraut benötigt Beilagen: zum Beispiel Kartoffeln. Und im als klassisch zu bezeichnenden elsässischen Rezept gehört dazu eine umfangreiche und deftige Schlachtplatte. Entlang der fischreichen Wasserstraßen wird das Sauerkraut aber auch oft zusammen mit einem Fisch serviert.

Lokale Spezialitäten

Entlang des Rhein-Marne-Kanals beeindrucken die Kanalbauwerke ebenso wie die Einkehrmöglichkeiten, um eine lokale Sauerkrautspezialität zu verkosten. Von Straßburg bis Saverne, mit einem Abstecher die Saar hinauf, erschließen sich unterschiedliche Zubereitungsarten. Entlang der Mosel bekommt man durch die Moselweine und den Fiez, wie der alkoholhaltige Apfelmost bezeichnet wird, wieder andere Geschmacksnuancen in das Kraut! Die Rundreise über Mosel, Saar, Saarkanal und Rhein-Marne-Kanal führt über 430 Kilometer in zwei Wochen vor allem durch ab-

wechslungsreiche Flusslandschaften und zu sehenswerten kleinen Weinorten an der Mosel, aber auch zu beeindruckenden Städten. Nancy und Metz gelten als die beiden bestimmenden Zentren Lothringens, einen bunten Farbtupfer setzt Sarreguemines mit seinen Fayencen oder Niderviller, wo Keramik hergestellt wird. Trier wartet mit seinem reichen römischen Erbe auf und Saarburg lockt als mittelalterliches Städtchen.

Das Besondere an der grenzenlosen Sauerkrauttour ist, dass man drei Länder bereist und damit die lokale Rezeptvielfalt der durchfahrenen Regionen von Frankreich, Deutschland und Luxemburg kennen lernt. Bei der Tour kommt man sogar durch Schengen, dem der Vertrag zum freien Grenzverkehr seinen Namen verdankt!

Doch die Sauerkrauttour bietet auch weitere gastronomische Spezialitäten: Die Quiche Lorraine und der Flammkuchen eignen sich als Vorspeise oder mit einem Salat als Hauptgang, ein deftiger Baeckeoffe (Eintopfgericht) lässt am Tisch keinen hungrig. Zum Abschluss kann es immer noch einen Münsterkäse oder einen Gugelhupf geben, bevor ein klarer Lothringer Mirabelle, das leckere Mahl beschließt!

Zusammentreffen mit einem Lastschiff bei seiner Ausfahrt aus der Schleuse „Blénod“ zwischen Dieulouard und Pont-à-Mousson auf der Mosel.

Da die Kohle heute keine Bedeutung mehr als Transportgut hat, hat man sie kurzerhand aus der Bezeichnung des Saar-Kanals gestrichen. Bei Harskirchen und beim nahen Wald von Bonnefontaine gibt es wunderschöne, naturnahe Anlegeplätze. Der begleitende Treidelweg ist als Radweg bestens ausgebaut.

Einfahrt in die „Badewanne“ des Schiffshebewerks von Saint-Louis-Arzviller, die 43 Meter lang ist und, mit Wasser befüllt, 850 Tonnen wiegt. Der Zeitgewinn im Vergleich zum Gebrauch der Schleusentreppe mit 17 Schleusen ist enorm.

Anleger in Nittel an der Mosel. Als Flussradweg „Karl der Kühne“ ist der Radweg von der Moselmündung in den Rhein bei Koblenz bis nach Metz ausgeschildert.

In Deutschland benötigt man als Hausbootkapitän einen Führerschein, den man hier bei Saarburg der deutschen Wasserschutzpolizei bei einer Kontrolle vorzeigen müsste. Allerdings wird das führerscheinlose Befahren mit einem Hausboot von der französischen Grenze bis in den Sportboothafen von Saarbrücken großzügig erlaubt.

Bei Orscholz und Mettlach macht die Saar ihre berühmte Schleife und dort hat sich auch die renommierte Firma Villeroy & Boch niedergelassen.

Links:
Kein Traktor durchpflügt hier das Rapsfeld am Rhein-Marne-Kanal – ein Hausboot fährt gemütlich durch die fruchtbare lothringische Hochebene.

Seite 76/77:
Metz, Hauptstadt der Region Lothringen, beeindruckt durch die gotische Kathedrale Saint-Étienne. Gerühmt wird die Farbenpracht der historischen Fenster, von denen drei 1960 durch Marc Chagall gestaltet wurden. Ein Ableger des Pariser Centre Pompidou bestimmt das moderne Stadtbild am Zusammenfluss von Mosel und Seille. Der Port des Régates liegt mitten im Zentrum.

Ganz links:
Der Saar-Kanal hat auf 15 Kilometern vom Domänenwaldgebiet bei Fénétrange bis zum Anschluss an den Rhein-Marne-Kanal ein größeres Gefälle zurückzulegen, was mithilfe von acht Schleusen möglich ist. Vor der Überfahrt über den Étang du Stock, kann man sich zwischen Schleuse 7 und 8 einen erfrischenden Sprung in das saubere Wasser der Saar gönnen!

Links:
Sommer, Sonne, Saar – geruhsame Rast unterm Sonnenschirm!

Früher: ohne Kanäle keine Industrie – heute: Kanäle ohne Industrie

Rechts:
In einem der 22 Bücherdörfer Europas, in Cuisery an der Seille, öffnen jeden ersten Sonntag im Monat die 15 Antiquariate ihre Pforten. Am Mühlenkanal findet man in der ehemaligen Mühle eine feine Biskuiterie (BisCuisery) mit einer Teestube und einer Terrasse zum Wasser hin.

Normalerweise bringt man gedanklich den Bau von Kanälen und die Entwicklung von Fabriken mit der Industrialisierung zusammen, so wie es in England, dem Mutterland der Industrialisierung, auch vonstatten ging. Schmale Kanäle verbanden die Kohlebergwerke und die Förderorte der Kohle, die zu den Fabriken transportiert werden musste, um dort die gefräßigen Dampfmaschinen zu füttern. Die erzeugten Güter konnten dann wieder auf Kanälen an ihre jeweiligen Bestimmungsorte gebracht werden.

Doch in Frankreich liegt der Bau von Wasserstraßen und Kanälen zeitlich lange vor der Industrialisierung. Selbstverständlich gab es auf den Bächen und Flüssen immer ein reges Handelsleben und den Austausch von meist landwirtschaftlich erzeugten Waren, wie Wein oder Holz. Mit dem Erwerb von überseeischen Kolonien und den dadurch verursachten erhöhten Staatsausgaben für die kriegerischen Eroberungen fernab der Heimat, wurde der Staatsbankrott immer wahrscheinlicher, der auch schon durch die königliche Verschwendungssucht eine ständige Bedrohung war. Der Finanzminister Jean-Baptiste Colbert des Sonnenkönigs Ludwig XIV. hatte eine geniale Idee. Könnte nicht der Import von Rohstoffen aus den Kolonien und deren Export als veredelte Fertigware und als höherwertige Produkte, dem Staat eine neue Einnahmequelle erschließen? Die „eroberten“ Rohstoffe wurden in den Seehäfen angeliefert und mussten nun auf den Wasserstraßen ins Innere des Landes und in die Regionen gebracht werden, in denen die handwerklichen Fähigkeiten traditionell verankert waren.

Oben:
Nicht nur an der Oise gibt es noch zahlreiche Werften, die sich aber oft nur mühsam über Wasser halten können. Im Hafen von Pont-l'Évêque liegen zwei Frachter im Trockendock.

Der geniale Festungsbaumeister Sébastien Le Prestre de Vauban (1633–1707) schuf an die 150 Festungsanlagen an Frankreichs Grenzen. Um Baumaterialien direkt aus Steinbrüchen an die Festungsbauten zu schaffen, ließ er Kanäle anlegen und entwickelte dabei auch zahlreiche Pläne zum Bau von Kanälen, die die Waren von den Meereshäfen ins Land bringen konnten. Oft saßen die traditionellen Spezialisten der Textilverarbeitung, der Glas- oder der Keramikherstellung in weit abgelegenen, aber wasserführenden Seitentälern. Zur Verarbeitung bestimmter Waren war Wasser

nötig, auch konnte dessen Kraft zum Antrieb von Mühlen genutzt werden. Kamen die Rohstoffe nun dort an, brachte das eine Umorganisation der Arbeitsabläufe mit sich – aus den individuell produzierenden Handwerkern wurden Arbeiter einer Manufaktur. Die in diesen Manufakturen hergestellten Waren bildeten im Textilbereich die Grundlage der französischen Haute Couture, im Bereich des Geschirrs die Grundlage von edlem Porzellan und im Bereich der Düfte die Grundlage von feinen Parfüms.

Wechselvolle Geschichte

Mit dem Bau von Fabrikhallen und von kleineren Binnenwerften direkt an den Kanälen hielt dann später auch das industrielle Zeitalter Einzug, nachdem das merkantilistische Wirtschaftssystem den Staatsbankrott und die Französische Revolution nicht verhindern konnte. Die Verwerfungen der globalisierten Wirtschaft werden gerade in den kanalisierten Seitentälern mit ihren stillgelegten Fabriken und in den einstigen Kohlerevieren mit ihren riesigen Industriebrachen bei einer Hausbootfahrt deutlich. Einblick in die wechselvolle Geschichte geben zahlreiche erhaltene Industriedenkmäler.

Am Vogesenkanal liegt La Manufacture Royal des Bains in der Nähe von Bains-les-Bains, die vor 200 Jahren tonnenweise Weißblech herstellte. Eine Ausstellung illustriert die industrielle Vergangenheit der Ansiedlung.

Wie der Vater, so der Sohn – fachkundige Anleitung zum Angeln im Hafen von Pont-l'Évêque. Fast schon ein Industriedenkmal ist die Werft an der Oise, die einst aufgrund des starken Schiffsverkehrs zwischen Paris und dem Norden des Landes eingerichtet wurde.

Dieses Hinweisschild zum „Büro" in Thaon-les-Vosges führt ins Leere. Einige der großen Textilfabriken stellten ab 1871 entlang des Vogesenkanals das berühmte Leinen „lin des Vosges" her. Seit Beginn der Textilkrise in den 1960er-Jahren mussten zahlreiche Unternehmen schließen.

In Vailly-sur-Aisne bei Soissons werden Frachtschiffe mit Getreide beladen, das die Landwirte direkt vom Feld in die Speichersilos angeliefert haben. Von dort wird es in Mühlen, Brauereien oder in Unternehmen zur Futtermittelherstellung gebracht.

Frankreichs fruchtbare Mitte – Doubs, Saône und Loire

Der Doubs führt durch die Franche-Comté, eine Region, die Deutschland ebenso nah wie gleichzeitig unbekannt ist. Zwischen Dôle und Besançon windet sich der Doubs an steilen Felsen entlang. Für eine direkte Strecke von 90 Kilometern Luftlinie benötigt er eine Flussstrecke von über 400 Kilometern, die wie bei Deluz reizvolle Anblicke bietet.

Der Doubs entspringt im französischen Jura und durchfließt die Franche-Comté, was er mit der Saône gemeinsam hat, die sich aus den Vogesen ebenfalls in Richtung Süden und zum Mittelmeer hin aufmacht. Der Doubs mit seinem verwinkelten Lauf verbündet sich mit der Saône bei Saint-Symphorien und lässt dort die „Große Saône" entstehen, die sich wiederum mit der Rhône in Lyon verbindet. Über den Canal latéral à la Loire ist die Saône wiederum bei Chalon-sur-Saône mit dem Canal du Centre verbunden. Da dessen Erbauer Émile Gauthey schon um 1790 der Meinung war, dass „gerade gezogene Kanalstrecken langweilig seien", verdankt ihm der heutige Hausbootfahrer recht idyllische Strecken. Links und rechts der Flussläufe und Kanäle wachsen alle Sorten Früchte und Gemüse, nicht zuletzt berühmte Burgunder- und Loireweine, grasen friedlich die Montbéliard-Kühe und die Charolais-Rinder, gackern Bresse-Hühner, gibt es Bresse- und Comté-Käse. Und kulturell fruchtbar ist der Landstrich ebenso: Von der pulsierenden Großstadt Lyon über die Festungsstadt Besançon und die Bilderbogenstadt Épinal bis hin zu verträumten Kleinstädten und Dörfern reicht die Bandbreite der Sehenswürdigkeiten. Dazu Natur in Hülle und Fülle – vom satten Grün an der kleinen Saône und gewaltigen Felsenlandschaften am Doubs bis zu den Sanddünen an der Seille.

CUISERY

An der Schleuse 42 wird das Wehr bei Ougney umfahren – Radfahrer auf dem Treidelweg sind interessierte Zuschauer der Schleusung, nahe der Stadt Baume-les-Dames.

Direkt hinter dem Wehr von Guille folgt flussabwärts die Einfahrt in den Schleusenkanal von Aveney bei Flusskilometer 168,7 – gerechnet ab Niffer, wo Le Corbusier das Schleusenhaus entworfen hat.

Der Doubs scheint naturbelassen, doch öfters muss man in die Karte schauen, um sich bei einer Fahrt flussabwärts nicht von einem plötzlich auftauchenden gemauerten Wehr oder einer Schleuse, hier Nr. 44 „Laissey“, überraschen zu lassen.

Bei der Schleuse 48 „Chalèze“ fährt man wieder aus dem Schleusenkanal in den Doubs ein. In acht Kilometern Entfernung ist man schon in Besançon und hat dort die Wahl, durch den 394 Meter langen Tunnel unter der Stadt hindurchzufahren. Der Tunnel wurde 1878 konzipiert und 1882 eingeweiht.

Die Schleife, die der Doubs um die Stadt Besançon zieht, ist legendär. Die engste Stelle, von der man beide Flussläufe leicht überschauen kann, reizte den Festungsbaumeister Vauban, der kurzerhand die Kathedrale abreißen ließ, um dort eine Zitadelle zu errichten. Das Fort Griffon auf der gegenüberliegenden Flussseite sollte die Stadt ebenfalls schützen. Hier der Anleger vor der Schleuse Saint-Paul in der Flussschleife.

In der Schleife von Besançon bekommt man einen umfassenden Blick auf die Kais und die einheitliche Häuserfront. Sehenswert sind in der Altstadt, die seit 2008 zum Weltkulturerbe der UNESCO zählt, unter anderem das Rathaus und die Grande Rue. Der berühmte Schriftsteller Victor Hugo (1802–1885) wurde in der Grande Rue Nr. 140 geboren.

Die Befestigungsanlagen von Vauban in Besançon wiesen auf über zehn Kilometern zahlreiche unterschiedliche Verteidigungsbauten auf, so wie hier der gemauerte Rundturm auf der „porte taillée“.

Wählt man in Besançon nicht den Weg über die Doubs-Schleife, bietet sich die Abkürzung durch den Tunnel „Tarragnoz“ an, der direkt unter der Zitadelle hindurchführt.

Linke Seite:
Irgendwo bei Ougney-la-Roche auf dem Doubs – der idyllische Flussabschnitt ist auf einer langen Strecke Teil des 237 Kilometer langen Canal du Rhône au Rhin, des Rhein-Rhône-Kanals, der die Wasserscheide überquert, die den Wasserlauf zur Nordsee vom Wasserlauf zum Mittelmeer trennt.

Die Dörfer der Franche-Comté, wie Hyères-Paroisse, erkennt man leicht am Zwiebelturm ihrer Kirchen, die aber oft keine Uhr haben.

In der Franche-Comté kommen die kulinarischen Genüsse nicht zu kurz. Bekannt ist die Vielfalt der Käsesorten, wie des „Comté" und des „Morbier", für die die heimische Rinderrasse der „Montbéliards" die Milch liefern.

LE RHÔNE

Linke Seite:
Ab Saint-Jean-de-Losne nähert man sich sichtbar der großen Saône, denn bei der Stadt verstärkt der Canal de Bourgogne den Wasserlauf. Hier befindet sich in einem der ältesten Häuser aus dem 15. Jahrhundert ein interessantes Schifffahrtsmuseum. Jedes Jahr findet hier das „Pardon des mariniers“ statt, die Segnung der Boote und ihrer Besatzungen während einer feierlichen Messe.

Der Spaß darf beim Fest der „mariniers“ nicht fehlen – beim Fischerstechen wird jeder einmal nass!

Am Kreuzungspunkt der Wasserstraßen in Saint-Jean-de-Losne entstand von 1844 bis 1853 ein großes Lagerbecken, in dem geflößte Holzstämme gelagert wurden. Hier ist nun der größte französische Binnenfreizeithafen entstanden.

Linke Seite:
Tournus ist eine der bekannten Weinstädte an der Saône mit einem Anleger am Uferkai. Auch Flusskreuzfahrtschiffe legen gerne hier an, um die romanische Klosterkirche, das Hôtel Dieu, ein ehemaliges Krankenhaus, oder die Sammlung historischer Fahrräder von Michel Grézaud zu bestaunen und einen Chardonnay zu verkosten. Der gleichnamige Ort liegt etwas südlich von Tournus.

Durch malerische Gässchen steigt man in Tournus vom Ufer der Saône zur alten Klosterkirche St. Philibert aus dem 11. Jahrhundert hinauf. Mit ihrem Kreuzgang, dem Refektorium und dem Kapitelsaal ist die Anlage die einzige in ganz Europa, die sich aus jener Zeit erhalten hat.

Der Markt in Tournus hält am Samstagmorgen alle Genüsse bereit, die die fruchtbare Landschaft des Burgund zu bieten hat, aber auch Fische und Meeresfrüchte, die aus dem Süden kommen.

Von Montmerle-sur-Saône führt eine Brücke nach Saint-Georges-de-Rennes und hinüber zu den Weinbergen des Beaujolais. Die schöne kleine Stadt hat einen Anleger eingerichtet, bei dem man sich sehr wohl fühlen kann. Im September findet hier immer ein Pferdemarkt statt.

In Montmerle lädt ein Uferweg an der Saône dazu ein, die Gegend zu Fuß auf 27 Rundwanderwegen oder mit dem Rad auf 16 Touren zu erkunden. Vom Aussichtspunkt Tour des Minimes hat man einen imposanten Rundblick über die sanfte Landschaft des Départements Ain.

Auf der Saône in Richtung Lyon und Rhône kommen nun Schiffe aus allen Richtungen zusammen, die in den Süden wollen. Auf dem Großschifffahrtsweg, wie hier bei Tournus, trifft man auch Boote an, die zu richtigen Hausbooten umgebaut wurden. Lebenskünstler aller Art und jung gebliebene Senioren erfüllen sich damit einen Lebenstraum.

Auf dem Hausboot findet man Zeit füreinander und für künstlerische Betätigung – der ruhig fließende und breite Strom der Saône lässt die Kreativität nur so sprudeln.

DIE SEILLE IM LAND DER BRESSE-HÜHNER

Rechts:
Findige Hausbootfahrer haben ihre Pénichettes zusammengebunden und damit eine Plattform zum Sprung ins kühle Nass der Seille geschaffen.

Eng, verwunschen und ziemlich träge schlängelt sich die insgesamt 112 Kilometer lange Seille vom Jura herab. Auf einer Länge von 39 Kilometern ist sie kanalisiert und strömt selbst in aller Ruhe der breit, mächtig und behäbig fließenden Saône zu. Von Louhans bis zur Mündung in die Saône unterhalb von La Truchère gibt es drei handbetriebene Schleusen, an denen sich oft Studenten ihre Ferienkasse aufbessern, während an der letzten Schleuse noch ein Schleusenwärter im Takt der Seille, also ziemlich gemütlich, seinen Dienst verrichtet.

Munteres Vogelgezwitscher begleitet das Hausboot durch Wälder und das fruchtbare Schwemmland der Seille. Recht bunt und ebenfalls voller Zwitschern geht es auf dem landwirtschaftlichen Teil des Montagsmarktes in Louhans zu, der sich vor und unter den 157 Arkaden abspielt. Die Hauptattraktion des „marché agricole“ sind die berühmten Bresse-Hühner, lebend oder schon für den Bratofen vorbereitet. Die originalen Bresse-Hühner erkennt man an einem metallenen Ring am linken Fuß und einem Etikett um den Hals. Schon seit dem 17. Jahrhundert sind die Hühner oder die immer seltener aufgezogenen Kapaune bekannt als hervorragende Delikatesse. Bei der Aufzucht unter freiem Himmel um die niederen, typischen Bauernhäuser der Bresse, hat jedes Federvieh Anspruch auf mindestens zehn Quadratmeter und seine Nahrung (Mais, Weizen, Gras, Milchprodukte ...) muss in der Bresse erzeugt werden. Mindestens vier Monate erfreut es sich seines Daseins – ein Kapaun sogar acht Monate. Bereits seit 1957 (!) sind Bresse-Hühner mit der europäischen Herkunftsbezeichnung eines AOC ausgezeichnet, die man nicht nur von französischen Weinen her kennt. Zu einem Bresse-Huhn passt natürlich auch ein Wein der Gegend.

Unten:
Bei Cuisery liegt eine von vier Schleusen, die auf einer Länge von 39 Kilometern ein minimales Gefälle von 10,10 Metern ausgleichen. Dementsprechend langsam fließt die Seille an weitgehend naturnahen und buschreichen Ufern. Auf ihr wurde früher vor allem Holz talwärts in die Weingegenden des Beaujolais und des Burgund transportiert, das auch zur Herstellung von Weinfässern Verwendung fand.

Auf der Saône angekommen, hat man die Wahl, entweder stromaufwärts nach Tournus zu fahren, um dort durch malerische Gässchen zur alten Klosterkirche Saint Philibert aus dem 11. Jahrhundert hinaufzusteigen und danach einen Burgunder aus dem südlichen Anbaugebiet des Mâconnais zu verkosten – oder einen Chardonnay, der hier auf 80 Prozent der Rebfläche angebaut wird. Oder man wendet auf der Saône und kommt mit dem Strom in die Weinstadt Mâcon, wo man vielleicht einen Pouilly-Fuissé verkostet.

An der Seille muss man keinen Hafen zum Anlegen anlaufen, wie hier bei Cuisery, denn in den Flussbiegungen bieten sich schöne Haltemöglichkeiten an.

„Dahinten liegt Pont-de-Vaux!" 3,5 Kilometer ist der fast kerzengerade Stichkanal in das idyllische Städtchen lang, aber nur zehn Meter breit. Die Einwohner von Pont-de-Vaux wollten nicht abseits liegen und baten ihren Landesherrn schon 1783, einen Kanal zur Saône zu erbauen.

„L'Athanor" ist eines der zahlreichen Antiquariate im Bücherdorf Cuisery, wo nicht nur Bibliophile wahre Schätze finden können.

Auf dem Geflügelmarkt in Louhans trifft man auf die berühmten Bresse-Hühner und Kapaune sowie auf deren stolze Züchter.

Korbflechterei

Das Gebiet um die Seille ist ausgesprochen landwirtschaftlich geprägt. Bei der Schleuse 4 kann man in einen Stichkanal nach Branges einfahren, wo eine Wassermühle das Getreide der Umgebung zu Mehl verarbeitet, die allerdings während ihres Betriebs einen ziemlich heftigen Wasserstrudel erzeugt. Nicht weit vom Château de Molaise entfernt liegt Rancy, eines der zahlreichen Dörfer, in dem immer noch Körbe und Stühle geflochten werden. Auch das dörfliche Loisy hat ein kleines Château vorzuweisen. Interessant ist das Bücherdorf Cuisery mit seinen Antiquariaten, einem Literatur-Café und einer außergewöhnlichen Keksbäckerei. Noch ein paar gemächliche Flusskurven und schon taucht das schmucke La Truchère mit seiner Schleuse auf, die den Weg zur Saône freigibt. Knapp einen Kilometer nördlich des Ortes entfernt liegt die „Réserve naturelle de la Truchère" und südlich davon eine Wiesenfläche von 3000 Hektar, die die Saône immer wieder überschwemmt und die deshalb zahlreichen seltenen Pflanzen- und Tierarten einen idealen Lebensraum bietet.

In Lyon liegt der nach Süden ausgerichtete Quai Saint-Vincent mit den Fußgängerbrücken „Passerelle Saint-Vincent“ und „Passerelle de l’Homme de la Roche“. Wenn die Kais nicht überschwemmt sind, kann man mit seinem Boot dort festmachen, sollte dabei allerdings die Sonnenanbeter nicht mit seinem Schatten behelligen.

Zwischen den fleißigen Studenten ist es nicht leicht, einen Anlegeplatz am Quai du Maréchal Joffre zu finden. Dieser liegt nahe des zentralen und schönen Bellecour-Platzes und des Stoffmuseums „Musée des Tissus et des Arts Décoratifs“.

Ein größeres Hausboot macht in Lyon Station auf dem Weg in den Süden – gleich kommen flussabwärts die Brücken von La Mulatiére, über die die Autobahn und die Eisenbahn führen und wo Saône und Rhône zusammenkommen. Ab dort sind es nur noch 310 Kilometer bis zum Mittelmeer.

Am Quai Rambaud und damit an der Südspitze der Halbinsel, die wie ein Keil zwischen den Zusammenfluss von Saône und Rhône ragt, liegt das moderne Neubauviertel „Lyon Confluence“, in dem sich auch der neue Freizeithafen befindet.

Lyon – Bouchons am Confluence

Lyon liegt am Zusammenfluss von Saône und Rhône, die an dieser Stelle zu zwei großen Flüssen angewachsen sind. In Lyon Confluence standen früher Hafen- und Fabrikanlagen sowie eine große Zuckerfabrik. Aus dem im Laufe der Jahre etwas vernachlässigten Quartier wurde ein ultramodernes, neues Stadtquartier mit zahlreichen futuristischen Gebäuden. Und mittendrin befindet sich an der Saône ein herrlicher Freizeithafen (Place nautique) mit allem Komfort, der über das Straßenbahnnetz und die Métro an das Zentrum angebunden ist. Mit einem günstigen 24-Stunden-Ticket lässt sich Frankreichs drittgrößte Stadt leicht erkunden.

Je näher man Lyon kommt und je breiter die Saône wird, desto eher meint man, dass das Hausboot schrumpfe, was auch mit den beiden Schleusen „Dracé“ und „Couzon“ zusammenhängt: Befindet man sich in einem der 185 Meter langen und zwölf Meter breiten Becken, kommt man sich trotz des überschaubaren Hubs ziemlich verloren vor. Selbst zusammen mit einem 110 Meter langen Kreuzfahrtschiff findet man noch ausreichend Platz.

Rechts:
Wenn man in Lyon Station macht, muss man in einen der traditionellen „Bouchons“ gehen, um die lokalen und zum Teil recht deftigen Spezialitäten zu verkosten.

Unten:
Besonders im Stadtviertel Saint-Jean reiht sich ein Bouchon an das nächste. Die Einrichtung unterscheidet sich dabei nur in Details – sie ist meist aus Holz, den Boden bedecken Kacheln.

Gourmettempel

Gut 20 Flusskilometer vor dem Zielhafen ist das Ufer ununterbrochen gesäumt von Häuserzeilen der Vororte und Stadtteile Lyons. Bei entsprechend gefüllter Reisekasse kann man am Bootsanleger von Paul Bocuse in Colonges-au-Mont-d'Or festmachen und den weltberühmten Gourmettempel besuchen. Gleich darauf sticht aber die reizvolle Île Barbe ins Auge, die zehn Kilometer vor dem Hafen mitten im Fluss liegt. Hat man die erste Brücke (Pont Masaryk) durchfahren, nimmt das pulsierende Großstadtleben Fahrt auf. Weitere zwölf Brücken, links und rechts prächtige Häuser, die Uferkais … da heißt es einfach: einmal wenden und sich stromaufwärts alles noch einmal in Ruhe ansehen.

Beim Landgang locken die zahlreichen traditionellen Lokale, die über 70 „Bouchons“, die mit ihrer originellen Einrichtung vom Beginn des 19. Jahrhunderts und mit ihrer üppigen Speisekarte die gastronomische Szene entscheidend mitbestimmen. Hier werden die deftigen Lyoner Spezialitäten serviert, wie Geflügelleber, Innereien, Schweine- oder

Hammelhaxen, Fleischklößchen, Kalbskopf, das Lyoner Ragout oder eine Tarte mit Distelblumenherzen (coeurs de cardons)... Die Bouchons mit ihren blanken Holztischen verweisen auf Lyons Tradition einer Arbeiterstadt, die ihren Reichtum vor allem der Seidenweberei an den Hügeln des Croix-Rousse verdankt. Um die Seide an die Saône hinunter oder in die Häuser der Wohlhabenden zu bringen, wurden die „traboules", Treppen und Gänge durch die Hinterhöfe benutzt. Bestens ausgeschildert kommt man auf ihnen wieder hinunter in die Innenstadt, nicht ohne auf dem Weg einige der heutigen Seidenmanufakturen zu besuchen, wie die Soierie vivant, die Soierie Saint-Georges oder das Musée des Tissus sowie das Maison des Canuts.

Wurde auf dem einen Berg Lyons gearbeitet, so wurde auf den Überresten der gallischen Ansiedlung Lugdunum und auf der Höhe des Fourvière (Forum Vetus) gebetet. 1872 wurde die Basilika Notre-Dame-de-la-Fourviére errichtet, von der aus man einen beeindruckenden Blick auf die Stadt hat.

Der Stadtteil Croix-Rousse liegt an einem steilen Hügel, der von zahlreichen Aussichtsplattformen eine tolle Sicht auf die Stadt bietet. Die Weber und Textilarbeiter mussten ihre Ware über die steilen „traboules" hinunterbringen.

Auf dem Place de la Croix-Rousse findet täglich ein Markt mit Produkten aus der Umgebung statt – das Käseangebot reicht dabei von einem Bresse-Bleue-Käse bis zu zwei Jahre altem Ziegenkäse.

Kurzer Halt am Quai Rambaud, wo es mehrere Anleger für große Frachtschiffe gibt, der aber immer auch genug Platz für ein Hausboot bietet.

Selbst mitten in der Großstadt von Lyon gibt es eine Möglichkeit, sein Boot an Land zu holen und überholen zu lassen.

Neben der frei mäandernden Loire, die früher wegen des flachen Wassers und der sich ständig neu bildenden Sandbänke nur mit ganz leichten Booten befahren werden konnte, verläuft seit 1833 der 192 Kilometer lange Loire-Seitenkanal. Bei Flusskilometer 137 führt eine Straße direkt zur Loirebrücke nach La Charité-sur-Loire. Hier wurden Pilger auf dem Jakobsweg ebenso wie die Armen der Region von den Mönchen mit milden Gaben versorgt. Von der Basilika des Klosters sind leider nur Ruinen übrig.

Gegenüber von Saint-Satur führt ein kurzer Verbindungskanal zur Loire, der nur durch eine (stillgelegte) Schleuse von ihr getrennt ist. Doch in der Einfahrt nach Saint-Thibault und im Ort finden sich schöne Anlegestellen, die auch von englischen „narrowboats“ genutzt werden.

Das Département Allier gehört zur Region der Auvergne, die durch ihre Vulkankegel, aber auch durch die lieblichen Landschaften in ihren Flusstälern gekennzeichnet ist. Loire, Lot, Dordogne und Allier entspringen hier. Am Loire-Seitenkanal kann man die Zeit vergessen.

Nicht weit von Saint-Thibault entfernt, liegt der bekannte Weinort Sancerre, wo man direkt bei den Winzern den gleichnamigen Wein verkosten kann. Dann muss man allerdings immer noch in der Lage sein, den 700 Meter langen Stichkanal zu befahren und im engen Hafenbecken von Saint-Thibault zu wenden.

Salzig-sonniger Süden – im Herzen der Camargue

Eine Fahrt auf der Petite Rhône führt mitten in das Naturschutzgebiet der Camargue. Im Winter besteht das Rhônedelta aus einem undurchdringlichen Sumpfgebiet, im Sommer verdunstet das Wasser und zurück bleibt eine wahre Salzwüste. Schon früh haben die Griechen, später die Römer diese Küstengegend kolonialisiert. Sie stellte sich, damals wie heute, als eine vom Meer durch schmale Landstriche abgegrenzte Seenlandschaft dar. Eine Verbindung von Sète nach Beaucaire an der Rhône eröffnete vor allem für das wertvolle Salz eine wichtige Handelsverbindung. Mit viel Mühe baute man quer durch alle Seen einen Leitdamm, auf dem ab 1811 eine geregelte Schifffahrt möglich war. Der Canal du Rhône à Sète führt durch eine auf allen Seiten von Wasser umspülte Fahrrinne, die manchmal sogar einladende Öffnungen aufweist – diese führen jedoch unweigerlich auf Grund oder in Fischernetze. Im Flimmern der Sonne, des Sandes, des Salzes und der Meeresoberfläche stechen die schwarzen Stiere und die weißen Camargue-Pferde sowie die rosa Flamingos hervor. Die Garrigue-Landschaft ist zudem unterbrochen von Reisfeldern, Olivenhainen und duftenden Pinienwäldern. In Sète und an seiner oft windigen Lagune Étang de Thau beginnt der Canal du Midi, der seine Fortsetzung in der Garonne und dem Garonne-Seitenkanal findet: Südfrankreich pur!

Der Seitenkanal der Garonne ist 193 Kilometer lang und Teil des Canal du Midi, der Verbindung von Narbonne am Mittelmeer bis nach Bordeaux zum Atlantik. Die Idee zu diesem Kanalabschnitt hatte der Festungsbaumeister Vauban, doch erst ab 1839 wurden seine Pläne umgesetzt.

LY 19368

Moissac am traditionellen Jakobs-Pilgerweg ist durch die ehemalige Benediktinerabtei Saint-Paul ein herausragender Anziehungspunkt. Das Portal und der berühmte romanische Kreuzgang sind dabei besonders sehenswert.

In Valence-d'Agen, einst eine planvoll angelegte Verteidigungsfestung aus dem 13. Jahrhundert, findet man noch drei erhaltene Waschhäuser, in denen die Waschfrauen auch bei einem Belagerungszustand für gepflegte Kleidung sorgen konnten.

Nach Moissac gelangt man nur mit Hilfe eines Schleusenwärters, der zwischen den Schleusen 19 und 22, beziehungsweise 23 und 25 zusteigt. Beide Schleusenabschnitte sind als Schleusenkette angelegt, für die man 30 Minuten benötigt.

Der Hafen von Agen liegt in einer kleinen Bucht in der Nähe des Bahnhofs mit TGV-Anschluss. Die Hauptstadt des Départements Lot-et-Garonne verströmt großbürgerlichen Charme. Nach der Durchfahrt durch die Stadt folgt eine 580 Meter lange Kanalbrücke über die Garonne. Über vier großzügig angelegte Schleusenbecken und Schleusen gelangt man genau 12,36 Meter tiefer wieder in den Kanal, der nun schnurgerade weiterführt.

Seite 106/107:
Montauban ist Zielort auf dem zehn Kilometer langen und reizvoll zu befahrenen Teilstück des Canal de Montech. Von der Pont Vieux über den Tarn, die aus dem 11. Jahrhundert stammt, kann man die Kirche Saint-Jacques und das Erzbischöfliche Museum erblicken.

Wie hier bei Laspeyres am Flusskilometer 91 beschatteten insgesamt 42 000 Platanen den Treidelweg und den Kanal. Jedoch weiß niemand, wie lange noch, denn der tückische Pilz „Ceratocystis fimbriata“, den amerikanische Soldaten mit ihren aus Platanenholz gefertigten Munitionskisten nach Marseille einschleppten, hinterlässt so gravierende Schäden, dass bereits 25 000 Platanen zugrunde gingen oder gefällt werden mussten.

Vor Valence-d'Agen durchfährt man die gleichnamige Schleuse 30. Sechs Kilometer vom Kanal entfernt, liegt Auvillar an der Garonne, das zu den schönsten Dörfern Frankreichs zählt und auch ein Viertel besitzt, in dem früher die Flussschiffer zuhause waren. Ein Museum bewahrt die Erinnerung an die große Zeit der Schifffahrt auf der Garonne.

Der Canal de Garonne ist sehr fischreich! Angler sollten immer mit reduzierter Geschwindigkeit und in einem großen Bogen umfahren werden. Auch Freizeitkapitänen ist das Angeln gestattet, allerdings nur mit einer befristeten Erlaubnis.

Auf dem ehemaligen Treidelpfad, auf dem Menschen oder Tiere die Schiffe ziehen mussten, haben es heutzutage Radfahrer leicht, denn die Wege haben kaum Gefälle und sind meist gut ausgebaut.

Bistronomie auf dem Hausboot

Rechts:
Das Hausboot tuckert gemütlich vor sich hin und im geräumigen Küchen-Aufenthaltsraum wird in Gemeinschaftsarbeit das Essen für die ganze Crew vorbereitet.

Unten:
Das Einkaufen von Lebensmitteln fällt in allen Regionen Frankreichs wahrlich nicht schwer – Märkte und Markthallen, ja selbst der Einkauf direkt beim Produzenten bieten sich entlang der allermeisten Kanäle an.

Es hat den romantisierenden Anschein, dass für die französische Hausfrau die Zubereitung des Essens schon mit einem ausgiebigen Schwätzchen und damit beim Einkauf beginnt. Allerdings hat die frühzeitige Betreuung der Kleinkinder durch Tagesmütter und die daran anschließende „école maternelle" die Grundlage dafür geschaffen, dass Frauen recht bald nach der Geburt eines Kindes wieder arbeiten gehen und in der Mittagspause oder abends, auch kein Fünf-Gänge-Gericht mehr zaubern können und wollen. Sonn- und Feiertage sowie private Anlässe mit dem Höhepunkt einer Hochzeit sind dabei ausgenommen, da halten sich ungeschriebene Gesetze, die mehrstündige Gelage mit sich bringen.

Ein Markttag oder ein Besuch der Markthalle in größeren Orten (wenn diese nicht von einem Supermarkt auf der grünen Wiese verdrängt wurde) bieten eine unerschöpfliche und saisongerechte Auswahl an regionalen oder lokalen Zutaten. Jede Region in Frankreich hat zudem etwas Typisches, das es zu entdecken lohnt. Zwei Herausforderungen stellen sich: Erstens ist die Bordküche überschaubar eingerichtet und zweitens funktionieren dort Rezepte aus einem klassischen Kochbuch nur schlecht. (Klaus Bartels, Harald Mertes und Angela Pape sowie Hans Mühlbauer haben spezielle Kochbücher verfasst!)

Französisches Frühstück

Gehen wir einen Tag gemeinsam durch. Das klassische französische Frühstück beginnt mit einem (Butter-)Croissant, etwas Butter und Marmelade und einem Milchkaffee. Die Morgenmahlzeit kann man auch in einem kleinen Bistro am Anleger einnehmen und sich den Kaffee servieren lassen. An das französische Frühstück muss man sich aber nicht halten, man kann dazu ruhig auch Eier, Wurst, Schinken und Käse, ein Müsli oder Obst auffahren. Die Brotvielfalt in Frankreich hat enorm zugenommen und beschränkt sich keinesfalls nur auf das bekannte Baguette.

Eine Kanalfahrt, die ist lustig und regt auch den Appetit an, da man den ganzen Tag an der frischen Luft zubringt.

Mitten in „la France“ sehen die Zutaten etwas italienisch aus, doch vom leckeren Salat bis zum Lammbraten erlaubt die Kücheneinrichtung des Hausbootes alle Zubereitungsarten.

Liebhaber von Fisch und Crevetten werden nicht nur in Meeresnähe immer etwas Passendes finden, um ihre Pfanne zu füllen.

Zum Mittagessen an einem schattigen Plätzchen sollte man sich mindestens zwei Stunden Zeit nehmen. Was darf's zum Apéritif sein? Im Süden wird man sich eher an einen Pastis mit ein paar Oliven halten, in der Mitte und im Burgund an einen aus schwarzen Johannisbeerlikör, dem Cassis, und Weißwein gemischten Kir mit Melonen und Schinken und im Norden eher an Austern und einen knackigen Muscadet von der Loire und im Osten eher einen elsässischen Gewürztraminer mit einem salzigen Gugelhupf.

Mit etwas Zitronensaft beträufelt und zusammen mit einem knackigen Weißwein genossen, sind frische Austern eine besonders leckere Vorspeise.

Crêpes oder Bouillabaise

Der Apéritif geleitet dann in den Gang der Vorspeisen über. Im Norden versucht man sich an hauchdünnen Crêpes, in Elsass-Lothringen an einer Quiche Lorraine oder einem Flammkuchen, im Süden gar an einer kleineren Portion einer Fischsuppe „Bouillabaise à la Marseillaise“ oder an überbackenem Ziegenkäse mit Lavendelblütenhonig. Vielleicht darf es im Südwesten sogar etwas „pâté de foie gras“ (Gänseleberpastete) sein? Beim Einkauf findet man immer frisches Gemüse und Salat. Vom Sellerie-Apfelsalat in der

Jede Region Frankreichs hat eine andere Käsespezialität vorzuweisen. Käse schließt bekanntlich den Magen und wird in Frankreich zwischen Hauptgang und Dessert gereicht.

Rechts:
Zwischenstopp am Doubs. Sollte die Sonne zu heiß werden, gibt es einen schattenspendenden Sonnenschirm.

Picardie bis zum „Salade niçoise" mit Oliven, Sardellen und hartgekochten Eiern im Süden reicht das einfach umzusetzende Rezeptangebot, das, je nach Mannschaftsstärke, ziemlich Schneidearbeiten mit sich bringt. Auch die Vinaigrette-Salatsauce kann man nach eigenem Geschmack zubereiten, mit Olivenöl aus dem Süden, einen Apfel- oder Weinessig der Region und mit einem herzhaften Senf aus Dijon, fein geschnittenen Zwiebeln und etwas Knoblauch.

Haute Cuisine

Langsam nähert man sich dem Hauptgang und fragt sich, wie es wohl kommt, dass sich gerade in Frankreich die Kochkunst so stilprägend entwickelt hat. Die „Grande" oder „Haute Cuisine" hat ihren Ursprung am französischen Königshof, wo es darum ging, Rezepte immer raffinierter zuzubereiten, um den hohen Herrschaften, neue, unbekannte Geschmackserlebnisse zu bescheren. Doch dann fegte die

Unten:
Ob wie hier an der Oise oder an einem anderen Anlegeplatz, auf der mit Sitzbänken und Tisch bequem ausgestatteten Flying Bridge oder auf der geräumigen Heck-Terrasse – bei schönem Wetter werden die Mahlzeiten immer draußen eingenommen.

Französische Revolution nicht nur den Adel hinweg, sondern zerstreute deren Kochkünstler über das ganze Land. Sie mussten mit den Zutaten, die sie vorfanden, zurecht kommen und paarten diese mit ihrem raffinierten Wissen. So entstand die kulinarisch vielfältige Landschaft Frankreichs, die in Jean Anthelme Brillat-Savarin und seinem Werk über die höheren „Tafelvergnügen" 1826 ihren kompetenten Chronisten fand. Allerdings kann auch ein Hauptgang, der aus Spaghetti mit regionalen Zutaten besteht, etwas sehr Schmackhaftes sein.

Es wäre aber ein Verbrechen, wenn man auf dem Wasser fährt und keinen Fisch zubereiten würde: Entweder übt man sich geduldig in der Kunst, die Angel auszuwerfen, wobei es ratsam ist, einen Kochplan B aufzustellen oder der nächste Fischhändler weiß fangfrischen Rat. Ob Süßwasser- oder Seefisch, hängt von seinem Angebot ab. Hecht, Makrelen, Sardinen oder Heringe kann man in Mehl wenden und in der Pfanne braten. Im Backofen kann eine Rotbarbe still vor sich hinschmurgeln, während eine Seezunge zugedeckt in einer Pfanne gar wird. Warum nicht einmal auch Muscheln in einer Weißweinsoße kurz kochen oder Thunfischsteaks braten? Wagt man sich an ein richtiges Cassoulet, der Spezialität aus Carcassonne, ist man mit der Zubereitung der unterschiedlichen Fleischsorten gut beschäftigt, aber das Ergebnis lässt alle zufrieden und satt zurück.

Zum Apéritif kann man ruhig auch einmal die Besatzung des Nachbarbootes einladen und sich dabei über Einkaufsmöglichkeiten oder Sehenswürdigkeiten austauschen.

Von wegen „zu viele Köchinnen verderben den Brei" – der Reiz der Hausbootküche liegt gerade darin, die anfallenden Kochvorbereitungsarbeiten zu verteilen, um das Gericht zu einem Gemeinschaftswerk werden zu lassen.

Zur Vorspeise und für den ersten Hunger gibt es am Canal du Rhône à Sète überbackenen Ziegenfrischkäse auf knusprigem Baguette mit etwas Thymian- oder Lavendelblütenhonig.

Auch ein kühles Bier kann einen gemütlichen Abend einläuten.

Weinvielfalt

Trinkt man zur Vorspeise gerne einen leichteren Weißwein, wählt man zwischen Chablis, Muscadet, Riesling oder Sancerre Chardonnay aus. Je nach Gericht kann es zum Hauptgang einen kräftigen Rotwein geben; da bieten sich die Côtes du Rhône, Beaujolais, Mâcon, Médoc oder Bordeaux an. Besucht man mit dem Hausboot eine Weingegend laden überall Schilder zur „dégustation", der Verkostung, ein – dabei ergeben sich oft unterhaltsame und informative Gespräche und der Wein mundet umso besser.

Ein Käse rundet das Essen ab – und da herrscht in Frankreich ja eher die Qual der Wahl – Ziege, Schaf und Kuh geben ihr Bestes und die Käsehersteller bringen ihre Erzeugnisse zu einer Qualität, die internationale Anerkennung genießt. Zu einem Käse oder einem fruchtigen Dessert kann es auch ein fruchtig-süßer Wein sein. Da kommt ein Wein aus dem Anjou, ein Muscat de Frontignan, ein Pineau des Charentes oder ein Sauternes gerade recht. Da man nach dem Abendessen sein Hausboot nicht mehr bewegt, darf spätestens dann ein guter Digestif serviert werden: Cognac, Armagnac, Calvados oder Mirabelle?

Seite 114/115:
Der Garonne-Seitenkanal ist die Fortführung des Canal du Midi und wurde erst viel später als dieser, nämlich 1856 fertig gestellt.

CAROLYN

Bei Moissac und beim Aquädukt über den Tarn liegt die Schleuse 23 „Cacor“. Louis Galabert griff bei der Realisierung des Kanals auf Pläne von Vauban zurück.

Angeln ist wie das Jagen seit der Französischen Revolution ein Bürgerrecht, das, mit einem gewissen Berechtigungsschein, allen offen steht. So bereichert ab und an ein frischer Fisch den Speiseplan.

Moissac und zahlreiche weitere Orte an der Garonne wurden fast zeitgleich mit dem Ende des Kanalbaus an das Netz der Eisenbahn angeschlossen. Beide Verkehrssysteme lieferten sich von Beginn an einen heftigen Konkurrenzkampf.

1997 wurde nach dem Tod des bekannten Meeresforschers Jacques-Yves Cousteau der Hafen von Castelsarrasin nach ihm benannt. Er hatte zu Castelsarrasin keinen persönlichen Bezug, genauso wenig wie die Sarrazenen bei der Namensgebung des Ortes.

Die befestigte Stadt Aigues-Mortes wurde im 13. Jahrhundert als Hafenstadt angelegt, liegt inzwischen jedoch von Sand und Salinenfeldern umgeben, weitab vom Meer, mit dem es durch einen Kanal immer noch verbunden ist. Ein idealer Anlegeplatz bietet sich am Wahrzeichen, dem mächtigen Tour de Constance.

In Beaucaire zweigt der Canal du Rhône à Sète eigentlich von der Rhône ab, doch die Schleuse, die beide Wasserwege miteinander verbinden könnte, ist seit längerem geschlossen. Im Hafen der alten Handels- und Marktstadt tummeln sich deshalb am Endpunkt des Kanals zahlreiche Sportboote, die dort einen idealen Überwinterungsplatz vorfinden.

Der Canal du Rhône à Sète verbindet zahlreiche Lagunen und Seen, die sich hinter schmalen Landzungen gebildet haben. So fährt man mit seinem Boot manchmal zwischen den Seen auf der einen Seite und dem Mittelmeer hinter einem engen Landstreifen auf der anderen Seite hindurch.

Die Kleine Rhône sucht sich vor Arles ihren eigenen Weg zum Mittelmeer, in das sie in der Nähe von Saintes-Maries-de-la-Mer mündet. Zahlreiche Wasserläufe der Rhône haben auf ihrem Weg das weitgefächerte Delta geschaffen, das das Herzstück des Naturparks der Camargue bildet.

Seite 120/121:
Berühmte Badeorte, wie Carnon, Palavas-les-Flots oder Marseillan-Plage am Canal du Rhône à Sète, prunken mit ihren ausgedehnten Strandabschnitten. Es gibt aber immer noch Fischer, die sich auf schmalen Landstreifen häuslich eingerichtet haben und von dort aus ihrem Beruf nachgehen.

Wohin geht die Reise auf Frankreichs Flüssen und Kanälen?

Rechts:
Die Schleuse bei Mettlach an der Saarschleife geht ganz schön in die Tiefe – elf Meter Hub müssen überwunden werden.

Wer sich mit (s)einem Hausboot in Frankreich auf einen Kanal oder Fluss begibt, der ist fast überall in den sicheren Händen der VNF – der „Voies navigables de France", deren Zentrale sich in Béthune befindet, das am Canal d'Aire und am Großschifffahrtsweg von Dunkerque nach Escaut im Norden Frankreichs liegt. Seit 1991 betreut die nationale Wasserstraßenverwaltung die schiffbaren Flüsse von der Aa bis zur Yonne und über 60 Kanäle auf einer Länge von etwas mehr als 6000 Kilometern. Insgesamt umfasst das schiffbare Wasserstraßennetz in Frankreich eine Länge von 8500 Kilometern, einige Kanäle, wie der Canal de la Somme oder der Canal de Nantes à Brest, sowie die Flüsse Baise, Mayenne und Sarthe sind in der Hand von Städten, (so die Kanäle innerhalb von Paris) oder in der Hand von Regionen oder Firmen. Die VNF zählt 2013 an die 5000 Mitarbeiter, die alle im Staatsdienst beschäftigt sind. Aktuell werden Maßnahmen zur Umstrukturierung umgesetzt, die für die VNF eine stärkere eigenverantwortliche Rolle vorsehen, wie eine zwischen dem französischen Staat und der VNF geschlossene Zielvereinbarung (Contrat d'objectifs et de performance entre l'État et Voies navigables de France 2011 – 2013) vorschreibt. Die VNF finanziert sich über die Gebühren der Benutzung der Wasserstraßen, die im Mietpreis eines Charterbootes inbegriffen sind. Sichtbar wird eine Vignette an der Frontscheibe angebracht, die signalisiert, dass die Kanalgebühren für die Saison bezahlt wurden.

Oben:
Bei der 15-stufigen Schleusentreppe von Golbey kann man irgendwann den Überblick verlieren, in welcher Schleuse man sich eigentlich befindet. Doch die Lichtsignale müssen überall genau beachtet werden – wie hier das orange Licht der halbautomatischen Schleuse.

Sofort zur Stelle

Für die Mitarbeiter der VNF sollen die Umstrukturierungsmaßnahmen ohne Entlassungen vor sich gehen. Der Blick in die verlassenen Schleusenwärterhäuschen lässt zumindest von internen Versetzungen ausgehen. Die Kosteneinsparungen gehen von der Aufgabe der Hälfte der Schleusenwärterhäuser aus und haben als Ziel, dafür mobile Streckenposten an zentralen Stellen einzurichten, die für einen bestimmten Kanalabschnitt zuständig sind. Dabei wurde festgelegt, dass eine Bürofläche von zwölf Quadratmetern pro Mitarbeiter ausreichend sei, aber meist verlegen die Streckenverantwortlichen ihr Büro in ihr Auto und sind sofort zur Stelle, wenn es in einer Schleuse mal zu einer Panne kommt.

Auf der Kathedralentour kommt man am Canal du Nord auch an technischen Kathedralenbauten durch, wie hier an der Schleuse Nr. 18 bei Noyon, aus der gerade ein Frachtschiff fährt.

Nicht nur am Vogesenkanal hat die VNF die Schleusenwärter durch ein automatisiertes System ersetzt, das ab und an auch ausfallen kann – doch durch eine Rufanlage kann man Hilfe herbeiholen.

Durch Schilder wird darauf hingewiesen, dass man in einer Schleuse nicht baden darf.

Schleusen werden heute über eine Fernbedienung in Gang gesetzt, die man an einer bemannten Schleuse ausgehändigt bekommt und an einer anderen wieder abgibt. Sensoren messen im Kanal den Wasserstand direkt vor einer Schleuse, da die Überwachung und Einhaltung des Wasserstandes für eine geregelte Schifffahrt überlebenswichtig sind.

Sicherheit für die Schifffahrt zu gewährleisten steht bei der VNF an oberster Stelle. Dazu gehört die Überprüfung der Funktionsfähigkeit der Stauwehre und der Standfestigkeit der Deiche, dies vor allem auch für den Fall eines Hochwassers. Gleichzeitig muss die gesicherte Zuleitung von genügend Wasser in einen Kanal überwacht und organisiert werden. Da Kanäle zum Teil schon über drei Jahrhunderte lang ihren Dienst tun, stellt der Wasserverlust in den Fahrrinnen ein großes Problem dar, das oft baulich nur schwer in den Griff zu bekommen ist. Zudem haben die Flüsse und Kanäle eine immer ausgedehntere Nutzung erfahren. Auf und im Wasser tummeln sich Wasserskifahrer, Paddler, Ruderer und Kajakfahrer, an den Ufern sitzen die in Frankreich mit einer mächtigen Lobby ausgestatteten Angler und auf den ehemaligen Treidelwegen vergnügen sich Reiter, Spaziergänger und Radfahrer, während es bei Castelnaudry am Canal du Midi durchaus vorkommt, dass man an einem Lehrregiment der Fremdenlegion vorbeifährt, das sich in voller Ausrüstung auf einem 40 Kilometer langen Gepäckmarsch befindet.

Von Platanen gesäumt

Die Platanen dort schützen nicht nur sie vor den Sonnenstrahlen, sie bewahren den Kanal vor zu starker Verdunstung und prägen das typische Bild nicht nur dieses Kanals sowie zahlreicher Plätze und Promenaden. Doch durch eine seit einigen Jahren festgestellte pilzbedingte Platanenkrankheit müssen nach und nach alle 42 000 mächtig gewachsenen Bäume gefällt und ersetzt werden. Die VNF hat unter dem Motto „Canal du Midi, avec moi il revit" (Frei übersetzt: Mit meiner Hilfe kommt wieder Leben an den Kanal!) zu einer Spendenaktion aufgerufen, um das UNESCO-Weltkulturerbe wieder bepflanzen zu können.

Der Umweltgedanke greift bei der VNF immer weiter um sich. Die Verschmutzung durch die Ableitung von Brauchwasser oder die unkontrollierte Entsorgung von Müll wird mit Strafen belegt, die fachliche Begleitung bei der Entwicklung neuer Schiffstypen und -motoren, die weniger Energie verbrauchen und weniger Abgase erzeugen, wird gefördert. Als Hausbootfahrer sind einige einfache Regeln zu beachten, die selbstverständlich sein sollten, um die Umwelt der Hausbootreviere soweit wie möglich zu schonen. Dazu gehört, nichts, vor allem keine Plastiktüten und -flaschen ins Wasser zu werfen, biologisch leicht abbaubare Spülmittel und Seifen zu benutzen und die Höchstgeschwindigkeiten einzuhalten, um die Deiche vor zu starkem Wellenschlag zu schützen.

Die Hausbootfahrer nehmen in der Statistik der VNF einen gebührenden Raum ein, denn circa 180 000 Personen unternehmen aktuell pro Jahr eine Fahrt mit einem Hausboot, die sie bei ungefähr 80 Charterfirmen buchen. Am häufigsten trifft man Franzosen an, gefolgt von Deutschen, Schweizern, Engländern, Belgiern und US-Amerikanern. Immerhin sind ebenso viele Personen als Gäste auf einem Kreuzfahrt- oder Hotelschiff unterwegs.

Rechts:
Bei ausgebauten Treidelpfaden steht der Radtourismus hoch im Kurs! Eine Zuschauerin an der Schleuse 33 „La Pipée" nördlich von Fontenoy-le-Château beobachtet interessiert den Schleusvorgang.

Unten:
Gerade auf einem Treidelweg ist es angezeigt, mit wachen Sinnen zu fahren – auf diesem Schild bei Saint-Jean-de-Losne wird vor Hochwasser gewarnt, bei dem das Befahren der Dämme gefährlich wird.

Projekt MAGEO

Zu den Großprojekten der VNF gehört die Einrichtung von automatisierten Schleusen. Nach und nach werden die Schleusenwärter und Schleusenwärterinnen an den 3000 Schleusen ersetzt, was sicherlich für Hausbootkapitäne ein Verlust von Kontakten bedeutet, den Frachtschiffern allerdings die Arbeit erleichtert. In den zehn Jahren von 1998 bis 2008 ist der Transport von Gütern auf den Was-

serstraßen um 12,8 Prozent gewachsen. Vor allem der stark angestiegene Transport von Containern fördert die Pläne für zahlreiche Großschifffahrtswege. Der Canal Seine-Nord-Europe soll bei einer Bausumme von sieben Milliarden Euro das Pariser Becken mit den Häfen von Antwerpen und Rotterdam verbinden. MAGEO heißt das Projekt, das den Fluss Oise auf vier Meter vertieft, um 180 Meter langen und 11,40 Meter breiten Schiffen die Durchfahrt zu ermöglichen. Auch der idyllische Canal du Rhône à Sète soll so ausgebaut und auf neun Kilometern bei Carnon verbreitert werden, damit Schiffe mit zwei Containerlagen ihn befahren können. Immerhin transportieren diese Lastschiffe bis zu 2500 Tonnen, was circa 110 Güterwaggons oder 220 Lastwagen ersetzt. Auch sollen die Saône und die Mosel, sowie der Rhein mit einem neuen Großschifffahrtsweg verbunden werden. Da die VNF aber auch für die Belange des Hausboottourismus offen ist, kann man darauf hoffen, dass die in ihren Karten eingetragenen „Canaux déclassés" (nicht befahrbaren Kanäle), wie der Canal de Berry oder der Canal d'Orléons, irgendwann wieder zu neuem Leben erweckt werden.

Am Oise-Seitenkanal weist ein Schild überdeutlich auf eine Gefahr hin, die Radlern drohen kann.

Durch die Umstellung auf die automatisierten Schleusen, sind die Schleusenwärterhäuschen dem Verfall preisgegeben.

Wird ein Schleusenwärterhäuschen zumindest als Ferienunterkunft genutzt, sieht man das sofort am liebevoll angelegten Garten und der modernen Verbindung zur restlichen Welt.

Am Canal de l'Oise à l'Aisne liegt genau bei Kilometer 44 die Schleuse Nr. 12 „Moussy-Soupir", deren Schleusenwärterhaus allerdings verwaist ist.

GROSSBRITANNIEN
London
Southampton
Brighton
Nordsee
NIEDERLANDE
Amsterdam
Rotterdam
Essen
Köln
Rhein
Gent
Brüssel
BELGIEN
Liège
Dinant/
Anseremme
DEUTSCH-
LAND
Ärmelkanal
Alderney
Guernsey
Jersey
Golf de St. Malo
Cherbourg
Le Havre
Dunkerque
Calais
Lille
Douai
Arras
Somme
St-Valéry
Canal de la Somme
Péronne
Amiens
Cappy
St.Quentin
Picardie
Laon
Canal des Ardennes
Asfeld
Ardennen
Revin
Charleville-Mézières
Pont-à-Bar
LUXEMBURG
Trier
Thionville
Saarbrücken
Sarreguimes
Elsass-
Lothringen
Rouen
Compiègne
Oise
Aisne
Reims
Canal de l'Aisne à la Marne
Verdun
Metz
Meuse
Moselle
Canal des Houillères
Arzviller
Lutzelbourg
Caen
Normandie
Seine
Giverny
Pontoise
Paris
Epernay
Châlons-sur-Marne
Marne
Canal de la Marne au Rhin
Vitry-le-François
Bar-le-Duc
Toul
Nancy
Canal de la Marne au Rhin
Strasbourg
Versailles
Île de France
St. Brieuc
St. Malo
Avranches
Dinan
Rance
Canal d'Ille et Rance
Bretagne
Alençon
Chartres
Moret-s.-Loing
Yonne
Troyes
Bayon
Canal des Vosges
Epinal
Colmar
Rennes
Laval
Le Mans
La Suze
Canal du Loing
Montargis
Joigny
Lorient
Blavet
Canal de Nantes à Brest
Oust
Vilaine
Vannes
Redon
Chenillé
Chateauneuf
Orléans
Canal du Briare
Auxerre
Montbard
Burgund
Saône
Scey
Mulhouse
Belfort
Bâle
Angers
Loire-Tal
Blois
Briare
Nivernais
Clamecy
Corbigny
Canal de Bourgogne
Seveux
Canal du Rhône au Rhin
St. Nazaire
Loire
Nantes
Saumur
Tours
Dijon
Poully-en-Auxois
Doubs
Besançon
Dôle
St.-Jean-de-Losne
Canal du Rhône au Rhin
FRANKREICH
Nevers
Canal du Nevernais
Bern
Poitou
Châteauroux
Decize
Canal du Centre
St.-Léger
Chalon-sur-Saône
Loisy
Jura
SCHWEIZ
Poitiers
Dompierre-sur-Besbre
Tournus
Seille
Lac Léman
Cher
Digoin
Canal de Roanne à Digoin
Mâcon
Genf
Île de Ré
La Rochelle
Vichy
Roanne
Rochefort
Île d'Oléron
Charente
Cognac
Saintes
Angoulême
Limoges
Clermont-Ferrand
Lyon
Rhône
Alpen
Massif Central
Périgueux
Grenoble
Torino
Le Puy
Valence
Bordeaux
Arcachon
Dordogne
Garonne
ITALIEN
Marmande
Lot-Tal
Cahors
Lot
Villeneuve
Aveyron
Buzet
Agen
Embt. Tarn à Moissac
Canal de Garonne
Moissac
Montauban
Millau
Languedoc
Tarn
Valence
Grisolles
Avignon
MONACO
Golfe du Biscaya
Nîmes
Beaucaire
Arles
Provence
Nice
Monte Carlo
Lauragais
Camargue
Petit Rhône
Bayonne
Gascogne
Toulouse
Midi
Montpellier
Canal du Rhône à Sète
Bilbao
Adour
Baïse
Negra
Canal du Midi
Argens
Agde
Béziers
Marseille
Toulon
Pau
Castelnaudary
Carcassonne
Narbonne
Golfe du Lion
Pyrenäen
Perpignan
ANDORRA
SPANIEN
Mittelmeer
Zaragoza
Atlantischer Ozean
schiffbare Flüsse
schiffbare Kanäle

Leichte Wellen, freie Sicht, etwas Wind – vom Bug aus erlebt man das Hausbootfahren als rundum gelungene Geschichte.

Impressum

Buchgestaltung:
Matthias Kneusslin
www.hoyerdesign.de

Karte:
Fischer Kartografie, Aichach

Printed in Germany
Repro: Artilitho snc, Lavis-Trento, Italien
www.artilitho.com
Druck/Verarbeitung: Offizin Andersen Nexö, Leipzig

ISBN 978-3-8003-4613-4

Unser gesamtes Programm finden Sie unter:
www.verlagshaus.com

Danksagung

Die Fotografen und Autoren bedanken sich bei Atout France (Thomas Schmidt, Monika Fritsch) in Frankfurt, bei allen Schleusenwärterinnen und Schleusenwärtern und beim Servicepersonal von Locaboat Holidays in Frankreich, die alle mit Rat und Tat zur Seite standen.

Nur mit tatkräftiger Unterstützung von Locaboat Holidays und von Eric Claverie war es möglich, dieses Buchprojekt und unsere vorherigen beiden Bücher „Reise durch Frankreich mit dem Hausboot“ und „Reise durch Europa mit dem Hausboot“ zu realisieren:
Locaboat Holidays, Ludwigstraße 1, D-79104 Freiburg,
Tel. + (49) (0) 761 - 207 370, info@locaboat.de,
www.locaboat.com

Fotografen und Autoren bedanken sich ebenfalls für unvergessliche Erlebnisse bei jeder der unternommenen Hausbootfahrten. Jede(r) hatte seinen/ihren Platz im Team, ob hinterm Steuerrad, beim Schleusen, beim Kochen, beim Einkaufen, beim Kartenlesen, beim Fotografieren und Schreiben. Wir verbrachten schöne und interessante Stunden bei Ausflügen und Landgängen, beim gemeinsamen Tafeln, Spielen und anregenden Gesprächen.
Dafür ganz herzlichen Dank an: Ann-Sophie, Angela, Astrid, Bernhard, Brigitte, Clemens, Dimitri, Enora, Erika, Franz, Frieder, Georg, Hans-Günther, Helen, Henry, Isolde, Joachim, Joscha, Jutta, Klaus, Kurti, Lukas, Manu, Maja, Marlene, Martina, Matthias, Mia, Michael, Michaela, Monika, Uli, Patrick, Peter, Rainer, Renate, Sabine, Schorsch, Siggi, Susanne, Ulla, Wallburga, Winfried, Xavier …

Gewidmet ist das Buch Elisabeth, Dorit, Johanna, Lothar und Monika, die schon zu einer anderen Reise aufgebrochen sind …